SMALL APARTMENTS
SMÅ LÄGENHETER
SMÅ LEJLIGHEDER

EVERGREEN is an imprint of

TASCHEN GmbH

© 2006 TASCHEN GmbH

Hohenzollernring 53, D-50672 Köln

www.taschen.com

Editor Redaktör Redaktør:
Simone K. Schleifer

Swedish translation Svensk översättning Svensk oversættelse:
Übersetzungsagentur Mia Lindgren Freelance Services

Danish translation Dansk översättning Dansk oversættelse:
Kita Kobberup for Übersetzungsagentur Mia Lindgren Freelance Services

English proof reading Engelsk språkgranskning Engelsk korrektur:
Matthew Clarke

Swedish proof reading Svensk språkgranskning Svensk korrektur:
Übersetzungsagentur Mia Lindgren Freelance Services

Danish proof reading Dansk språkgranskning Dansk korrektur:
Übersetzungsagentur Mia Lindgren Freelance Services

Art director Art director Art director:
Mireia Casanovas Soley

Graphic design and layout Grafisk design och layout Grafisk design og layout:
Diego González

Printed by Tryckt av Trykt af:
Anman Gràfiques del Vallès, Spain

ISBN-13: 978-3-8228-1437-6
ISBN-10: 3-8228-1437-7

10	**Residence in Monte-Carlo** Bostad i Monte-Carlo Hjem i Monte-Carlo
18	**Olympic Tower Residence** Olympic Tower Bostad Olympic Tower Lejlighed
24	**Residential Building** Bostadshus Lejlighedskompleks
32	**Horizontal Unit**
38	**House in La Azohía** Hus i La Azohía Hus i La Azohía
44	**Apartment in London** Lägenhet i London Lejlighed i London
48	**Dwelling in New Jersey** Bostad i New Jersey Bolig i New Jersey
52	**Residence in Gracia** Bostad i Gracia Lejlighed i Gracia
58	**London Mews**
64	**Apartment in Paris** Lägenhet i Paris Lejlighed i Paris
68	**Residence in Bogota** Bostad i Bogota Lejlighed i Bogota
74	**Apartment in Soho** Lägenhet i Soho Lejlighed i Soho
82	**3R House** Huset 3R 3R Hus
90	**Apartment in Prenzlauer Berg** Lägenhet i Prenzlauer Berg Lejlighed i Prenzlauer Berg
96	**Attic in Kreuzberg** Vind i Kreuzberg Industrilejlighed i Kreuzberg
102	**Flex House** Flex-huset Flex Hus
110	**Moerkerke House** Moerkerke-huset Moerkerke Hus
118	**Paoletti Apartment** Paoletti-lägenheten Paoletti Lejlighed
126	**Apartment in Dornbirn** Lägenhet i Dornbirn Lejlighed i Dornbirn
134	**Residence in Munich** Bostad i München Lejlighed i München
138	**Apartment in Janelas Verdes** Lägenhet i Janelas Verdes Lejlighed i Janelas Verdes
144	**Bollarino Apartment** Lägenheten Bollarino Bollarino Lejlighed
152	**Apartment on Flinders Lane** Lägenhet på Flinders Lane Lejlighed på Flinders Lane
158	**West Village Apartment** Lägenhet i West Village West Village Lejlighed
166	**Apartment on Rue Rochechouart** Lägenhet på Rue Rochechouart Lejlighed på Rue Rochechouart
174	**Apartment in Rome** Lägenhet i Rom Lejlighed i Rom
182	**Dwelling in Hong Kong** Bostad i Hong Kong Lejlighed i Hong Kong
190	**Photo Credits** Foton tagna av Fotografi

In the second half of the 20th century, two main trends in modern living emerged, in response to the characteristics of our times. On the one hand, residences now act as interior landscapes and, along with other compact elements of contemporary life, they serve to save time, motion and money. These developments typify life in today's big cities and they have impinged on the design of small living spaces. On the other hand, the density of large cities and the desire for an individualized home is constantly increasing, bringing in their wake a new kind of space: the small apartment. The deterioration of habitable areas is reflected inside homes by a reduction of the surface area to minimal proportions.

The layout of small apartments is similar to regular-size dwellings, and even the tiniest of apartments can have some extra touches, such as studios or reading niches. The major difference lies in the strategies that architects and designers use to take full advantage of the space and emphasize the architectural features of each home. These apartments stand out precisely because of the ingenious way in which housing needs have been adapted to minimal space without sacrificing quality or comfort.

Many interior design strategies are common to all these apartments. We can find many examples in which the same space serves a number of different functions. Innovative strategies include walls that stop short of the ceiling or side walls; sliding doors that disappear; mobile screens that permit changes in an apartment's layout; or openings and translucent materials that allow light to flow through separated areas. Although they all find their own particular solutions, by combining design strategies that use space to full advantage, they share five aspects that are essential to successful interior design and the most important features of such an apartment: functional furnishings, color, movable panels, restraint, and the exterior.

This compilation of projects from around the world pays special attention to the particular features of each space, within the common restriction of a limited surface area. The range of projects will be of interest to not only architects and designers but also residents of modern cities, thereby creating a basic tool for understanding how architects, designers, or owners of small apartments approach a project involving minimal living space.

Under andra halvan av 1900-talet uppstod två större trender inom modernt boende, som en reaktion på tidsandan. Dels fungerar bostäder nu som en sorts inomhuslandskap, och tillsammans med andra komprimerade delar av den moderna tillvaron hjälper de till att spara tid, kraft och pengar. En sådan utveckling är typisk för livet i dagens stora städer och det har haft ett intryck på utformningen av små boytor. Dels ökar ständigt tätheten i stora städer, liksom längtan efter ett individanpassat hem, och detta medför ett nytt typ av utrymme: den lilla lägenheten. Den allt större bristen på beboeliga ytor återspeglas i bostäderna genom att arealen reduceras till minimala proportioner.

Planlösningen i små lägenheter liknar normalstora bostäders, och även den allra minsta lägenheten kan ha några extra detaljer, som t ex en ateljé eller läshörna. Den största skillnaden ligger i de strategier som arkitekter och formgivare använder sig av för att till fullo utnyttja utrymmet och framhäva varje bostads speciella arkitektur. Dessa lägenheter särskiljer sig från andra just på grund av de sinnrika sätt på vilka behoven av bostäder har anpassats till minimala ytor utan att kvaliteten eller komforten går förlorad.

Många inredningsmetoder är gemensamma för alla dessa lägenheter. Det finns ett flertal exempel på hur samma utrymme har ett flertal olika funktioner. Innovativa strategier omfattar till exempel väggar som slutar innan de når takat eller sidoväggen, skjutdörrar som försvinner, flyttbara skärmar som gör att man kan ändra lägenhetens planlösning, eller öppningar och genomskinliga material som låter ljuset flöda genom avdelade områden. Även om de alla finner sina egna speciella lösningar, delar de ändå, genom att kombinera designmetoder som utnyttjar utrymmet helt och hållet, fem aspekter som är av största vikt för framgångsrik inredningsdesign och de viktigaste delarna av en sådan lägenhet: funktionell inredning, färg, flyttbara paneler, återhållsamhet, samt exteriören.

Den här samlingen projekt från olika platser i världen ägnar särskild uppmärksamhet åt varje ytas särskilda egenskaper, inom de vanliga restriktioner som en begränsad yta medför. De olika projekten är inte bara intressanta för arkitekter och formgivare, utan också för den moderna stadens invånare som får grundläggande hjälp att förstå hur arkitekter, formgivare eller ägare av små lägenheter griper sig an ett projekt med minimala boytor som förutsättning.

I den sidste halvdel af det 20. århundrede dukkede der to hovedretninger op indenfor moderne boligform, som en reaktion på nutidens behov. På den ene side opfattes boliger nu som indvendige landskaber og sammen med andre stressede aspekter af det moderne liv skal de spare tid, kræfter og penge. Disse udviklinger er typiske for livet i storbyen, og de har påvirket designet af små boliger. På den anden side finder man en stadig stigende densitet samt et ønske om individualiserede hjem, og i kølvandet er der dukket et nyt form for rum: den lille lejlighed. Forringelsen af beboelige områder afspejler sig ved, at overfladearealerne bliver reduceret til minimale størrelsesforhold.

Udformningen af de små lejligheder kan sammenlignes med almindelige boliger, og selv de mindste lejligheder kan have nogle små finesser, som atelier eller læsehjørner. Den største forskel ligger i måden, hvorpå arkitekter og designere formår at udnytte pladsen og fremhæve de arkitektoniske konstruktionsdetaljer i hvert hjem. Disse lejligheder skiller sig netop ud på grund af de opfindsomme tiltag, hvori boligbehov er blevet tilpasset små rum uden at ofre hverken kvalitet eller komfort.

Mange boligindretningsstrategier er ens for alle disse lejligheder. Der findes mange eksempler, hvor ét rum har mange forskellige funktioner. Innovative designs kan for eksempel være: vægge, der hverken når helt til loftet eller siderne, skydedøre, der kan skjules, mobile afskærmninger, der kan ændre lejlighedens udformning eller sidst åbninger og halvgennemsigtige materialer, der lader lys skinne igennem adskilte rum. Selvom alle når frem til hver deres særlige løsning, ved at kombinere designs, der udnytter pladsen optimalt, deler de alle fem egenskaber, der er essentielle for en vellykket boligindretning. De vigtigste egenskaber af sådanne lejligheder er: funktionelle møbler, farver, flytbare vægplader, enkelthed og exteriøret.

Denne samling af projekter fra hele verden sætter fokus på de særlige grundtræk og fælles begrænsninger, der er indenfor begrænsede overfladearealer. Viften af projekter vil interessere både arkitekter og designere men også moderne bymennesker og kan være et grundlæggende værktøj til at forstå, hvordan arkitekter, designere og ejere af små lejligheder takler projekter, der vedrører små boliger.

SMALL APARTMENTS
SMÅ LÄGENHETER
SMÅ LEJLIGHEDER

☐ Residence in Monte-Carlo
Bostad i Monte-Carlo
Hjem i Monte-Carlo

Claudio Lazzarini & Carl Pickering

The main objective of this project was to create a distinctive, continuous and fluid space which takes advantage of the magnificent views of the sea off Monte Carlo. To achieve this, the loading wall that divides the apartment lengthwise was disguised by inserting mirrors, glass shapes, and stainless-steel openings that appear to pass from one side to another. The bathroom, kitchen and closets were conceived as independent units that form part of the setting. The terrace, modelled on the deck of a ship, is an integral part of the interior. It allows the interior to expand and flow outdoors. Sunlight alters with the color of the glazed objects, intensifying and diversifying the effects of the lamps around the apartment. The glass boxes on the walls present a motley array of colors, according to the light that filters through them. The partitions are fitted with rollers so that they can be moved at will.

Det största målet med det här projektet var att skapa en distinkt, enhetlig och sammanhängande yta som utnyttjade den fantastiska utsikten över havet utanför Monte Carlo. För att uppnå detta använde man speglar, glasgestalter och öppningar i rostfritt stål som verkar gå från ena sidan till den andra, och på så vis dolde man den bärande väggen som delar av lägenheten på längden. Badrum, kök och garderober blev fristående enheter som smälter in i omgivningen. Terrassen, som är utformad som ett skeppsdäck, är en integrerad del av inredningen. Den gör att interiören expanderar och flyter ut på utsidan. Sollljuset förändras genom färgerna på de glasklädda föremålen, vilket intensifierar och varierar effekten av lamporna överallt i lägenheten. Effekten av glaslådorna på väggarna är en brokig samling färger tack vara att ljuset filtreras genom dem. Avskärmningarna har utrustats med trissor så att de kan flyttas när man vill.

Hovedformålet med dette projekt var at skabe ét karakteristisk, kontinuerligt og sammenhængende rum, der udnytter den prægtige udsigt til havet ved Monte Carlo. For at opnå dette blev den bærende mur, som deler lejligheden på langs, skjult ved at montere spejle, faconglas og åbninger i rustfritstål, der ser ud som om, de når fra den ene til den anden side. Badeværelset, køkkenet og skabene blev betragtet som individuelle enheder, der former lejligheden. Terrassen, der er modelleret på et skibsdæk, er en integreret del af indretningen. Den giver mulighed en udvidelse af det indvendige rum. Dagslys ændrer farven på faconglasset, samt intensiverer og diversificerer lampernes lys rundt i lejligheden. Faconglassene på væggene danner en række farver afhængigt af det lys, der filtrerer igennem dem. Skillepladerne er på hjul, så de kan blive flyttet rundt, som man lyster.

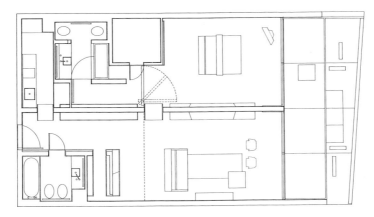

Plan Plan Plantegning

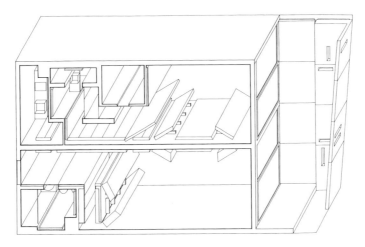

Perspective Uppifrån Perspektiv

e glass boxes hide the load-bearing structure.

aslådorna döljer den bärande konstruktionen.

conglassene skjuler den bærende konstruktion.

The glass boxes on the walls take on an array of different colors according to the light filtering through them.

Effekten av glaslådorna på väggarna är en brokig samling olika färger, tack vare att ljuset filtreras genom dem.

Faconglassene på væggene danner mange forskellige farver afhængigt af det lys, der filtrerer igennem dem.

The bathroom adjoins the bedroom, while the shower is located behind the bed.

Badrummet ligger intill sovrummet, medan duschen finns bakom sängen.

Badeværelset grænser op til soveværelset, mens selve badet er placeret bagved sengen.

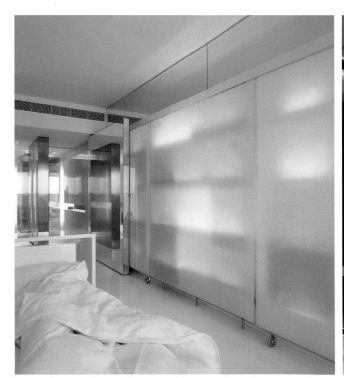

The main objective was to create a continuous, fluid space that took advantage of the magnificent views.

Främsta målet var att skapa en sammanhängande, enhetlig yta som utnyttjade den underbart vackra utsikten.

Hovedformålet var at skabe ét kontinuerligt, sammenhængende rum, der udnytter den prægtige udsigt.

☐ Olympic Tower Residence
Olympic Tower bostad
Olympic Tower Lejlighed

Gabellini Associates

This luxury apartment on the corner of the 49th floor of a building located on New York's Fifth Avenue has impressive views of the Rockefeller Center and mid-Manhattan. The design concept consisted of a bright, crystal-clear space that serves as a vantage point for the vibrant city below. The audiovisual system is contained in a structure that acts as the pivot for the distribution of the main living and dining areas and the master bedroom. The atmosphere of the interior is created with several luxury materials and a simple color scheme dominated by white plaster, marble from Yugoslavia, and translucent crystal. A glass wall formed by two white enamelled panels lit from below separates the kitchen from the dining area. The design balances the use of light, forms, and materials and allows them to co-exist harmoniously in this minimalist environment.

Denna lyxlägenhet i hörnet av 49:e våningen i en byggnad på New Yorks femte aveny har imponerande utsikt över Rockefeller Center och centrala Manhattan. Designkonceptet var ett ljusskarpt, kristallklart utrymme som fungerar som en utkiksplats över den sjudande staden nedanför. Det audiovisuella systemet är inrymt i en konstruktion som fungerar som medelpunkt för fördelningen av vardagsrum, matplats och sovrum. Atmosfären inomhus skapas med hjälp av flera olika luxuösa material och enkel färgsättning som domineras av vitt murbruk, jugoslaviskt marmor, och genomskinlig kristall. En glasvägg som utgörs av två vita, glaserade paneler som lyses upp nedifrån, skiljer köket från matplatsen. Designen balanserar utnyttjandet av ljus, former, samt material, och låter dem existera tillsammans i harmoni i denna minimalistiska miljö.

Denne luksuslejlighed på hjørnet af Fifth Avenue ligger i en 49-etagers skyskraber og har en imponerende udsigt til Rockefeller Center og mid-Manhatten. Konceptet består af et lyst, krystalklart rum, der fungerer som en udsigtsplads til den energiske by forneden. Audio-visuelsystemet er bygget ind i en struktur, der er omdrejningspunktet for fordelingen af stue- og spiseområdet samt det store soveværelse. Indvendig er atmosfæren skabt af forskellige luksusmaterialer og en enkel farvesammensætning, der er domineret af hvidt puds, marmor fra Jugoslavien og halvgennemsigtig krystal. En glasvæg, der er lavet af to hvidpolerede plader og bliver oplyst nedefra, adskiller køkkenet fra spisestuen. Designet skaber balance mellem lyssætning, former og materialer og gør, at der er harmoni i dette minimalistiske hjem.

Plan Plan Plantegning

design balances the use of light, forms, and materials.

signen balanserar utnyttjandet av ljus, former och material.

ignet skaber balance mellem lyssætningen, former og materialer.

A glass wall formed by two white enamelled panels separates the kitchen from the dining area.

En glasvägg som utgörs av två vita glaserade paneler skiljer köket från matplatsen.

En glasvæg, lavet af to hvidpolerede plader, adskiller køkkenet fra spisestuen.

☐ **Residential Building**

Bostadshus

Lejlighedskompleks

Paskin Kyriakides Sands

This project in the center of London included the creation of 36 residential units, including 5 penthouses, which occupy the entire top floor of this old office building. The architects, in collaboration with Philippe Stark, were awarded the commission for the design and construction of this complex in a competition. This resulted in the creation of a series of striking, modern apartments, with exquisite details and finishes, within a layout that made the most of the structural and lighting conditions that already existed. Each living unit was based on the same concept: the creation of a single, expansive space for the living areas and independent zones for the kitchen, bedroom, and bathroom. The wide range of interiors spread over the eleven floors that make up the building were enriched by the changes in level, high ceilings, and exterior terraces.

Detta projekt mitt i London omfattade byggnationen av 36 bostadshus, inklusive 5 takvåningar, som tar upp hela översta våningen i denna gamla kontorsbyggnad. Arkitekterna samarbetade med Philippe Stark och fick via en tävling det ärofyllda uppdraget att utforma och konstruera detta bostadskomplex. Resultatet blev ett antal effektfulla, moderna lägenheter med utsökta detaljer, i en planlösning som utnyttjar så mycket som möjligt av de förutsättningar för ljus och struktur som redan gällde. Varje bostadsenhet baserades på samma koncept: att skapa ett enda, expansivt utrymme som boyta och fristående zoner med kök, sovrum och badrum. De många olika inredningarna sträcker sig över de elva våningar som byggnaden utgörs av, och de berikas av nivåförändringar, stor takhöjd och utvändiga terrasser.

Dette projekt i hjertet af London omfattede opførelsen af 36 beboelseslejligheder med 5 penthouselejligheder, der optager hele den øverste etage af denne gamle kontorbygning. Arkitekterne i samarbejde med Philippe Stark blev tildelt udførelsen af designet og konstruktionen af dette lejlighedskompleks. Dette resulterede i opførelsen af en serie imponerende, moderne lejligheder med fortræffelige detaljer og overflader indenfor en udformning, der fik det bedste ud af den struktur og lyssætning, der allerede eksisterede. Hver lejlighed blev baseret på samme koncept: at skabe ét enkelt, ekspansivt rum til opholdsområderne og individuelle zoner til køkkenet, soveværelset og badeværelset. De mange forskellige lejligheder, der er fordelt på elleve etager og udgør bygningen, blev beriget af ændringerne i planer, høje lofter og udvendige terrasser.

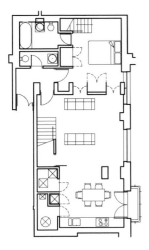

Plan Plan Plantegning

Elevations Upphöjningar Standrids

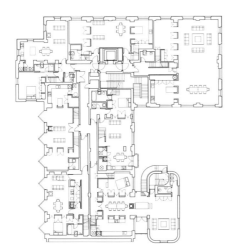

First floor Första våningen Første sal

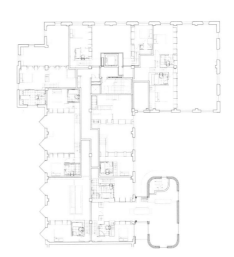

Ground floor Bottenvåningen Stueetage

e combination of the wooden floor, glass and metal adds up to a unique, modern setting.

mbinationen av trägolv, glas och metall skapar tillsammans en unik, modern miljö.

mbinationen af trægulve, glas og metal danner tilsammen et unikt moderne miljø.

The building's original structure was ideal for creating urban living spaces on multiple levels.

Byggnadens ursprungliga konstruktion var idealisk när man ville skapa stadsbostäder på flera plan.

Bygningens originale struktur var ideel til at skabe bymæssige lejligheder på forskellige planer.

...ngle space was created for the living areas while the kitchen, bedroom, and bathroom were separated off.

...nda utrymme skapades för boytan, medan kök, sovrum och badrum delades av.

...blev skabt ét enkelt rum til stuen, mens køkkenet, soveværelse og badeværelse blev adskilt.

☐ Horizontal Unit

Stephen Quinn & Elise Ovanessoff

This apartment is located on the first floor of a typical four-story Georgian house in the Marylebone neighborhood. The apartment consisted of two different settings connected by some steps. The architects first restored the large room at the front to its former size and moved the kitchen to a more convenient location. The bedroom is set to the rear and leads to a walk-in closet with a sliding door painted with green and blue stripes. The bathroom was carefully designed to cater to all the clients' needs. All the walls are white and the decorative elements are limited to objects, sculptures, and statuettes placed on top of tables. Some features, such as the fireplace and large windows, evoke the spirit of the old house. A crucial characteristic of this project is the use of space and light, which, combined with the high ceilings, transforms this small apartment into a modern and practical home.

Denna lägenhet ligger på första våningen i ett typiskt fyravåningshus i georgiansk stil i stadsdelen Marylebone. Lägenheten bestod av två olika miljöer som förenades av några trappsteg. Arkitekterna restaurerade först det stora rummet på framsidan till sin ursprungliga storlek och flyttade köket till en mer praktisk plats. Sovrummet är placerat längst bak och leder till en stor garderob med en skjutdörr som målats i gröna och blå ränder. Badrummet är noggrant utformat för att motsvara kundens alla behov. Alla väggarna är vita och de dekorativa inslagen har begränsats till föremål, skulpturer och statyetter som placerats ovanpå borden. Vissa inslag, som den öppna spisen och de stora fönstren, leder tanken till hur huset såg ut förr. En viktig egenskap hos detta projekt är hur man använder utrymmet och ljuset, som, eftersom det är högt i tak, förvandlar denna lilla lägenhet till ett modernt och användbart hem.

Denne lejlighed ligger på første sal i et typisk fire-etagers georgianske hus i Marylebone egnen. Lejligheden er sat sammen af to forskellige rum forbundet via et par trin. Først restaurerede arkitekterne det store rum ved indgangen til dets originale størrelse og flyttede køkkenet til et mere belejligt sted. Soveværelset er placeret bagerst i lejligheden og fører til et stort "walk-in skab" med en grøn- og blåstribet skydedør. Badeværelset blev omhyggeligt designet for at opfylde alle klientens behov. Alle vægge er hvide og dekorative elementer er begrænset til objekter, skulpturer og statuetter, der er sat på borde. Nogle konstruktionsdetaljer som pejsen og store vinduer vækker husets gamle ånd. Et væsentlig træk ved dette projekt er anvendelsen af rum og lys, der sammen med høje lofter forvandler denne lille lejlighed til et moderne og praktisk hjem.

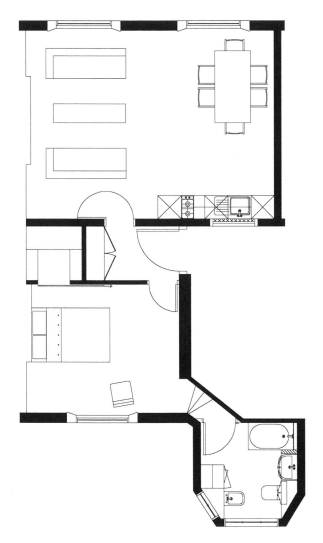

Plan Plan Plantegning

crucial characteristic of this project is the use of space and light.

viktig egenskap hus det här projektet är hur man utnyttjat utrymmet och ljuset.

væsentlig træk ved dette projekt er anvendelsen af rum og lys.

The bedroom is set to the rear and leads to a walk-in closet.

Sovrummet ligger längst bak och leder till en stor garderob.

Soveværelset er placeret bagerst i huset og fører ind til et "walk-in skab".

walls are white and the decorative elements are limited to objects, sculptures, and statuettes placed on top of tables.

ggarna är vita och de dekorativa inslagen har begränsats till föremål, skulpturer och statyetter som placerats ovanpå borden.

eggene er hvide og dekorative elementer er begrænset til objekter, skulpturer og statuetter, der er sat på borde.

☐ House in La Azohía
Hus i La Azohía
Hus i La Azohía

José Tarragó

The inner rooms of this home are entirely permeable from the visual point of view: interrelated and open toward the exterior, they allow no introspection of any kind. In contrast, the patios are conceived as interiors: they are precincts enclosed by walls that isolate them from the surrounding landscape. Outdoors, the home incorporates elements of traditional architecture that protect it from bad weather: thick walls provide thermal insulation, whitewash reflects the sun's rays, and the openings have been inserted in shady spots, wherever possible. On the other hand, the interior—including the patios—has a contemporary, almost futuristic, feel. The furniture combines white with a wide range of ochers, and includes exclusive, one-off pieces. The kitchen opens on to the living room, which is characterized by pure lines, formal restraint, and the smooth, spotless white surfaces of the closets.

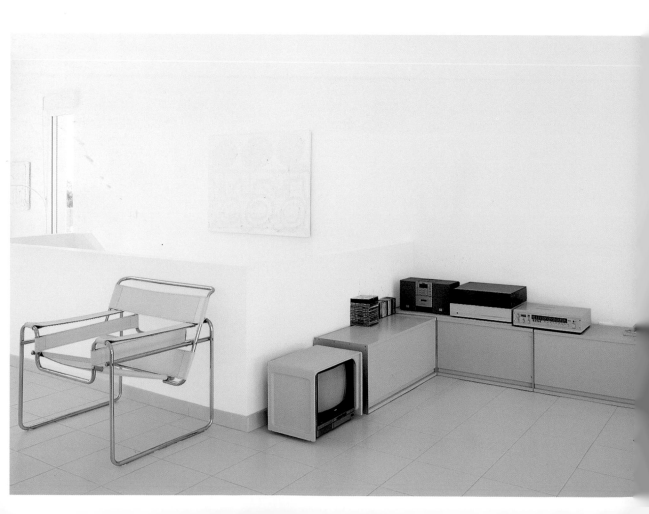

I den här bostaden är det möjligt att utifrån se rakt in i alla rummen på insidan. De hänger ihop och är öppna mot utsidan, vilket gör att det inte går att se in i ett rum från ett annat. Däremot fungerar uteplatserna som interiör: de är inhägnade områden som avgränsas av väggar, och på så vis isoleras de från det omgivande landskapet. Utomhus omfattar bostaden inslag av traditionell arkitektur som skyddar den från dåligt väder: tjocka väggar ger värmeisolering, vitt puts reflekterar solens strålar, och öppningarna har placerats på skuggiga platser när det är möjligt. Å andra sidan ger interiören – inklusive uteplatserna – en modern, nästan futuristisk känsla. Möblerna kombinerar vitt med ett antal olika ockratoner, och omfattar exklusiva, unika möbler. Köket leder till vardagsrummet, som kännetecknas av rena linjer, formell återhållsamhet, och garderobernas släta, skinande vita ytor.

Visuelt kan man i denne lejlighed se lige igennem alle de indre rum: de hænger sammen og åbner mod det ydre, hvilket bevirker, at man indefra ikke kan se ind i de forskellige rum. I modsætning bliver gårdene betragtet som en del af interiøret: de er arealer omgivet af vægge, der isolerer dem fra det omliggende landskab. Udenpå huset er der elementer af traditionel arkitektur, som beskytter mod dårligt vejr: tykke vægge, der isolerer, hvidkalkning, der kaster solens stråler tilbage og åbninger, der er monteret, hvor der er skygge. På den anden side har interiøret, inklusive gårdene, et moderne nærmest futuristisk præg. Møblerne er hvide kombineret med okkernuancer og omfatter eksklusive designermøbler. Køkkenet vender ud mod stuen, der er karakteriseret af rene linjer, minimalisme og skabenes glatte, rene, hvide overflader.

...patios are precincts enclosed by walls that isolate them from the surrounding landscape.

...platserna är inhägnade områden som avgränsas av väggar, och på så vis isoleras de från det omgivande landskapet.

...dene er arealer omgivet af vægge, der isolerer dem fra det omliggende landskab.

The openings on the facade, the skylights, and the colors on the furniture bestow a sense of luminosity on the dwelling.

Öppningarna på fasaden, takfönstren, och möblernas färgsättning ger bostaden en känsla av glans.

Åbningerne i facaden, ovenlyset og møblernes farver kaster glas over boligen.

☐ Apartment in London
Lägenhet i London
Lejlighed i London

Blockarchitecture

The aim of the renovation of this loft was to allow the concrete and brick structure that defines and enshrouds the entire space to be as complete and open as possible. A thirty-foot wall built of recycled steel panels dominates and organizes the residence by defining a hall, a small storeroom, a bathroom separate from the toilet, and a photographer's darkroom. The remaining household functions, including the kitchen and bath, are located alongside the opposite wall. The shower and bathroom occupy a special position, raised on a platform of concrete that floats above the wooden floor. The area has no partition walls or curtains, demonstrating an unconventional approach to the privacy of bathroom space. While some walls and structural columns were restored, many were left exposed and intact. Their rough, sparsely plastered brick surfaces create an informal but stylish environment. The walls themselves are decorative objects that give an industrial character to the loft space.

Syftet med att renovera denna vind var att låta betong- och tegelkonstruktionen som avgränsar och sveper in hela utrymmet vara så fullständig och framträdande som möjligt. En nio meter hög vägg byggd av återanvända stålpaneler dominerar och samordnar bostaden genom att avgränsa en hall, ett litet förråd, ett badrum separat från toaletten, och en fotografs mörkrum. De övriga hushållsfunktionerna, som kök och bad, finns längs den motsatta väggen. Dusch och badrum har en särskild plats och har höjts upp på en plattform av betong som svävar ovanför trägolvet. Området har inga skiljeväggar eller draperier, vilket är ett ovanligt sätt att behandla badrummets traditionella enskildhet. Vissa väggar och strukturella pelare har restaurerats, men många har lämnats exponerade och intakta. Deras oslipade, sparsamt murade yta skapar en informell men stilfull miljö. Själva väggarna är dekorativa inslag som ger vindsvåningen en känsla av industri.

Målet med renovationen af denne industriagtige lejlighed var at sørge for, at beton- og murstenskonstruktionen, der definerer og beklæder hele lejligheden, ville blive så åben som muligt. En ni meters høj mur lavet af genbrugsstålplader, dominerer og organiserer lejligheden ved at danne rammen for en entré, et lille opbevaringsrum, et badeværelse separat fra toilettet og et mørkerum. Husets resterende funktioner inklusive køkken og bad ligger langs den modsatte væg. Badeværelset med brusebad har en særskilt plads og bliver forhøjet af en betonrepos, der løfter det over trægulvet. Lejligheden har ingen skillevægge eller forhæng, hvilket demonstrerer en ukonventionel tilgang til badeværelsets som privat sfære. Mens nogle vægge og bærende søjler blev restaureret, forblev mange synlige og intakte. Deres rå, finpudsede murstensoverflade skaber et uformelt men stilfuldt miljø. Væggene i sig selv er dekorative og giver en industriagtig fornemmelse i denne lejlighed.

While some walls and structural columns were restored, many were left exposed and intact.

Vissa väggar och strukturella pelare har restaurerats, men många har lämnats exponerade och intakta.

Mens nogle vægge og bærende søjler blev restaureret, forblev mange synlige og intakte.

☐ Dwelling in New Jersey

Bostad i New Jersey

Bolig i New Jersey

Barbara De Vries & Alastair Gordon

A fashion designer and a writer discovered this building and decided to convert it into a place to live and work. The clients wanted to preserve certain elements and adapt them to their lifestyle: the industrial look, the brick walls, the immense windows, the open ceiling, and the cement floor. Metal elements support the wooden structure, which looks like a house inside a house; this approach divides the space while maintaining the original atmosphere. The small living area is separated from the rest of the rooms by birch-wood panels on rails, so that the space can be enlarged or closed off at will. The sparse furnishings further emphasize the industrial aspect and the feeling of open space. To create a more intimate and warm atmosphere, the designers used pieces of furniture and natural materials. The settings are separated by translucent panels, thus allowing the natural light entering through the large windows to bathe every corner of the home.

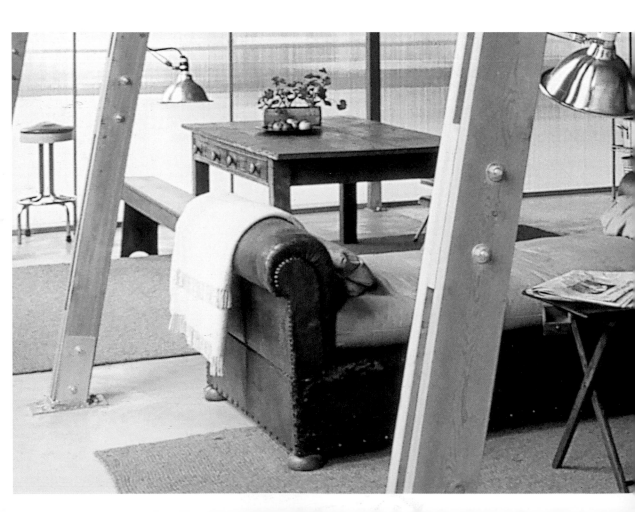

En modedesigner och en författare upptäckte denna byggnad och bestämde sig för att göra om den till bostad och arbetsplats. Kunderna ville bevara vissa inslag och anpassa dem efter sin livsstil: den industriella känslan, tegelväggarna, de enorma fönstren, det öppna taket och cementgolvet. Metallanordningar stöttar upp träkonstruktionen, som ser ut som ett hus inuti ett hus. På så sätt delas utrymmet av samtidigt som ursprungsatmosfären behålls. Den lilla boytan är avskild från resten av rummen via paneler i björkträ på skenor, så att utrymmet kan utvidgas eller delas av som man vill. Den sparsamma inredningen framhäver ännu mer den industriella aspekten och känslan av öppna ytor. För att skapa en mer intim och varm atmosfär använde formgivarna möbler och naturmaterial. Miljöerna delas av via genomskinliga paneler, och därigenom kan naturligt ljus komma in genom de stora fönstren för att skölja över varje hörn i bostaden.

En modedesigner og en forfatter opdagede denne bygning og besluttede at omdanne den til et sted, hvor de kunne bo og arbejde. Klienterne ønskede at bevare visse elementer og tilpasse dem til deres livsstil: det industriagtige udseende, murstensvæggene, de enorme vinduer, det åbne loft og cementgulvet. Metal elementer støtter træstrukturen, så det ligner et hus inden i et hus. På denne måde opdeles rummet, mens den oprindelige atmosfære beholdes. Birketræsplader, monteret på skinner, separerer den lille stue fra resten af lejligheden, så den kan blive større eller lukkes af, som man har lyst. Den enkle møblering fremhæver industristilen og følelsen af ét åbent rum. For at skabe en hyggeligere og varmere atmosfære brugte designerne møbelarrangementer og naturmaterialer. Rummene er separerede af halvgennemsigtige plader, der gør det muligt for dagslyset at trænge ind gennem de store vinduer og bade hvert hjørne af lejligheden i sol.

To create a more intimate and warm atmosphere, the designers used pieces of furniture and natural materials.

För att skapa en mer intim och varm atmosfär använde formgivarna möbler och naturmaterial.

For at skabe en hyggeligere og varmere atmosfære brugte designerne møbelarrangementer og naturmaterialer.

☐ Residence in Gracia
Bostad i Gracia
Lejlighed i Gracia

Sandra Aparicio + Forteza Carbonell Associats

This residential project consisted of renovating the upper level of an old industrial building with a pitched roof. The original space had a large ground floor and a small top floor with access to a terrace. The main aims were to flood the space with natural light and create some spacious rooms. A large skylight was installed over the living and dining areas while other smaller openings were inserted to cast light on the bathrooms. The framework crossing the large, central skylight causes the light to reflect in several directions, creating an environment that changes throughout the day. The layout of the space is organized around a furniture element that separates the night area from the day area. It does not reach as far as the ceiling or the apartment's exterior walls, thus emphasizing the fluidity of the space. The piece serves as a shelf on the communal side and a closet on the private side.

Detta bostadsprojekt bestod i att renovera den övre delen av en gammal industribyggnad med sadeltak. Ursprungsutrymmet hade en stor bottenvåning och en liten övervåning med utgång till en terrass. Det främsta syftet var att dränka utrymmet med naturligt ljus och skapa några rymliga rum. Ett stort takfönster installerades över vardagsrum och matplats, medan andra, mindre öppningar sattes in för att ge badrummet ljus. Ramverket som går rakt över det stora, centrala takfönstret gör att ljuset reflekteras i flera riktningar, vilket skapar en miljö som ändras under dagens lopp. Utrymmets planlösning är organiserad runt en möbel som skiljer kvällsytan från dagsytan. Det når inte så långt som till taket eller lägenhetens ytterväggar, och på så vis framhävs utrymmets öppenhet. Möbeln fungerar som en hylla på den allmänna sidan och som garderob på den mer privata sidan.

Dette boligbyggeri bestod af en renovering på den øverste etage i en gammel industribygning med skråtag. Den oprindelige bygning havde en stor stueetage og en mindre etage med adgang til en terrasse på toppen. Målet var at overøse lejlighederne med dagslys og skabe nogle store rum. Et stort ovenlysvindue blev installeret i stue- og spiseområdet, mens der blev monteret mindre vinduer i badeværelserne for at give lys. Skelettet, der krydser det store centrale ovenlysvindue, gør at lyset bliver kastet rundt i forskellige retninger og skaber et rum, der forandrer sig gennem dagen. Udformningen er koncentreret omkring et møbelarrangement, der separerer nat området fra dagsområdet. Det når ikke helt til loftet eller lejlighedens ydre vægge, og understreger herved rummets åbenhed. Møbelarrangementet bliver brugt som en hylde i fællesområdet og et skab på den private side.

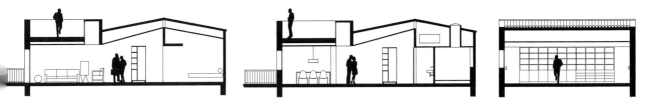

ons Tvärsnitt Snittegning

Ground floor Bottenvåningen Stueetage

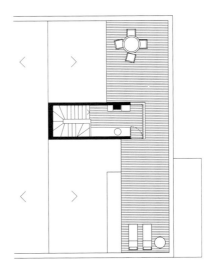

First floor Första våningen Første sal

e main aims were to flood the space with natural light and create spacious rooms.
t främsta syftet var att dränka utrymmet med naturligt ljus och skapa rymliga rum.
vedmålet var at overøse lejligheden med dagslys og skabe store rum.

A large skylight was installed over the living area, while other smaller openings illuminate the bathrooms.

Ett takfönster installerades ovanför boytan, medan mindre öppningar lyser upp badrummet.

Et stort ovenlysvindue blev installeret i stuen, mens andre mindre vinduer giver lys til badeværelserne.

□ London Mews

Co-labarchitects

For this project, the client wanted to create a private residence by combining two typical commercial mews in London. The restrictions of the façade and the lack of any space around the property called for a strategy that consisted of opening up the rear of the building as much as possible and creating light, subtle barriers inside. This approach created a space that was open, ventilated, and well lit. Several skylights, as well as a few carefully placed interior mirrors, brighten the space and make it feel even more open. The remodelling also created a more cohesive composition than the previous series of subdivided spaces, which were different in character from each other. Most of the interior walls were removed and a common language was created, based on the consistent use of materials and finishings throughout the two units. The rich color and texture of the materials create a soft, warm atmosphere that is more suited to the new residential function.

Till detta projekt ville kunden skapa en privatbostad genom att kombinera två typiska affärshuslängor i London. Fasadens restriktioner och bristen på utrymme runt omkring fastigheten krävde en strategi som kunde öppna upp byggnadens bakre del så mycket som möjligt och skapa lätta, raffinerade barriärer inomhus. På så vis uppstod ett utrymme som var öppet, ventilerat och väl upplyst. Flera takfönster, liksom några noggrant utplacerade speglar inomhus, lyser upp utrymmet och får det att kännas ännu mer öppet. Ombyggnationen skapade också en mer sammanhängande komposition än den tidigare följden av avdelade utrymmen, var och ett med olika karaktär. De flesta av innerväggarna togs bort och en gemensam stil skapades, baserat på konsekvent användning av material och detaljer i de båda enheterna. Materialens kraftiga färger och strukturer skapar en dämpad, varm atmosfär som passar bättre för den nya boendefunktionen.

Til dette projekt i London ønskede klienten at skabe en privatbolig ved at slå to typiske kommercielle staldbygninger, gamle bymæssige stalde med beboelsesområder, sammen. Facadens begrænsninger og manglen på plads omkring grunden krævede en strategi, der ville åbne bagsiden af bygningen så meget som muligt og skabe lette og subtile inddelinger indvendigt. Denne løsning skabte et rum, der var åbent, ventileret og oplyst. Flere ovenlysvinduer, så vel som nogle få nøjsommeligt placerede spejle, oplyser lejligheden, og får den til at føles mere rummelig. Renovationen førte også til en mere sammenhængende komposition end de forhenværende serieopdelte rum, der alle var af forskellig karakter. De fleste indvendige vægge blev revet ned, og der blev skabt et fællesudtryk baseret på et konsekvent materiale- og overfladevalg igennem de to enheder. De stærke farver og materialernes tekstur skaber en blød og varm atmosfære, der passer bedre til den nye boligfunktion.

Ground floor Bottenvåningen Stueetage

First floor Första våningen Første sal

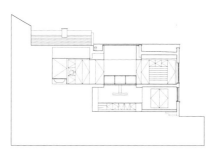

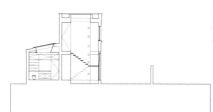

ons Tvärsnitt Snittegninger

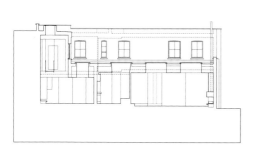

Elevations Upphöjningar Standrids

rich colors and texture of the materials create a soothing, warm atmosphere.

erialens kraftiga färger och strukturer skapar en dämpad, varm atmosfär.

stærke farver og materialernes tekstur skaber en beroligende og varm atmosfære.

Various skylights brighten the space up and make it feel even more open.

Olika takfönster lyser upp utrymmet och får det att kännas ännu mer öppet.

Forskellige ovenlysvinduer lyser rummet op, og gør det mere rummeligt.

Apartment in Paris
Lägenhet i Paris
Lejlighed i Paris

Peter Tyberghien

This apartment is located in Paris's 9th arrondissement, close to Montmartre and only minutes from the city center. An initial study of the space and the clients' needs led to a renovation involving the opening up of the space and elimination of the walls separating the kitchen from the rest of the apartment. This created the sensation of a larger area while making the kitchen more hospitable. The bathroom was expanded and the toilet was set apart. The metal beam running across the interior was used to divide the space into two long halves, as well as supporting a rail with track lights that supply most of the illumination. A long unit on the wall opposite the windows conceals a column that once broke up the space. This unit now serves as a bookcase, display cabinet, and closet. The wooden floor is complemented by austere furniture, while the soft, warm colors and drapes with a natural look give the apartment a cozy feel.

Denna lägenhet ligger i Paris 9:e arrondissement, nära Montmartre och bara några minuter från stadens centrum. En första studie av utrymmet och kundens behov ledde till en renovering där utrymmet öppnades upp och väggarna mellan köket och resten av lägenheten togs bort. Detta skapade en känsla av en större yta, och samtidigt blev köket mer gästvänligt. Badrummet byggdes ut och toaletten sattes separat. Metallbalken längs insidan användes för att dela upp utrymmet i två långa halvor, samt för att stötta upp en skena med lampor som ger den mesta av belysningen. En lång enhet på väggen mitt emot fönstren döljer en pelare som en gång delade av utrymmet. Denna enhet fungerar nu som bokhylla, vitrinskåp och garderob. Trägolvet kompletteras av spartanska möbler, medan de dämpade, varma färgerna och draperierna med sitt naturliga utseende ger lägenheten en mysig känsla.

Denne lejlighed ligger i Paris 9.ende arrondissement tæt på Montmartre og kun få minutter fra centrum af byen. En indledende analyse af lejligheden og klientens behov førte til en renovation, der omhandlede en åbning af rummet og elimination af vægge, der separerede køkkenet fra resten af lejligheden. Dette skabte en følelse af rummelighed, mens det gjorde køkkenet mere venligt. Badeværelset blev udbygget og toilettet adskilt. Metalbjælken, der skærer igennem hele lejligheden, bruges til at dele rummet op i to lange halvdele. Desuden er den udstyret med en lysskinne, der leverer det meste af belysningen. En lang enhed, der står på den modsatte side af vinduerne, skjuler en søjle, der en gang opdelte rummet. Denne enhed fungerer nu som bogreol, kabinet og skab. Trægulvet komplimenteres af asketiske møbler, mens de bløde, varme farver og gardinernes naturlige stil giver lejligheden et hyggeligt præg.

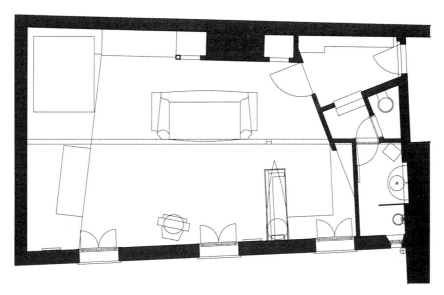

Plan Plan Snittegning

wooden floor is complemented by austere furniture, while the soft, warm colors and drapes with a natural look give the apartment a cozy feel.

olvet kompletteras av spartanska möbler, medan de dämpade, varma färgerna och draperierna med sitt naturliga utseende ger lägenheten en mysig känsla.

gulvet bliver komplimenteret af asketiske møbler, mens bløde, varme farver og gardinernes naturlige stil giver lejligheden et hyggeligt præg.

Residence in Bogota
Bostad i Bogota
Lejlighed i Bogota

Luis Cuartas

Two architects transformed this space into their personal residence. After demolishing the existing walls, the architects laid out the new spaces that make up the residence. The aim was to create a continual space with multiple relationships between the different areas, and a continuous, circular path that joins up the entire home. There are two alternative routes. On the left, a table extends all the way to the door and invites visitors to enter the kitchen. On the right, a corridor containing a large bench and a bathroom integrated with the fireplace leads to the living room, which features unexpectedly high ceilings. From here, a steel staircase leads to a walkway to a small studio linked to a terrace.The steel and glass structure of the walkway creates an impression of lightness, while the walls that make up the interior volumes add a feeling of solidity.

Två arkitekter förvandlade detta utrymme till en egen personlig bostad. Efter att ha rivit ner de existerande väggarna, planerade arkitekterna de nya utrymmen som utgör bostaden idag. Syftet var att skapa en enhetlig yta med flera anknytningar mellan de olika områdena, och en oavbruten cirkelkretsande gångstig som förenar hela hemmet. Det finns två alternativ. Till vänster sträcker sig ett bord hela vägen till dörren och bjuder in besökare till köket. Till höger leder en korridor med en stor bänk och ett badrum integrerat med öppna spisen till vardagsrummet, där det är oväntat högt i tak. Härifrån leder en ståltrappa till en gång, som i sin tur leder till en liten ateljé i anslutning till terrassen. Gångens stål- och glaskonstruktion skapar ett intryck av lätthet, medan väggarna som utgör inomhusvolymen tillför en känsla av soliditet.

To arkitekter ombyggede dette rum til deres private bolig. Efter at have revet de eksisterende vægge ned designede arkitekterne de nye rum, der skulle være deres hjem. Målet var at skabe ét kontinuerligt rum med forskellige relationer mellem forskellige områder, og en lang rund gang, der samler hele hjemmet. Der er to forskellige ruter. Til venstre står der et bord, som når helt til døren og indbyder gæster til at gå ud i køkkenet. Til højre er der en korridor, hvor en lang bænk og et badeværelse er integreret med en pejs, som leder ind til stuen med et overraskende højt loft. Herfra er der en ståltrappe, som via et gangareal fører over til et lille atelier, der er forbundet til en terrasse. Gangbroens stål- og glasstruktur giver indtryk af lethed, mens væggene, der er en del af det indvendige rumindhold, giver en følelse af soliditet.

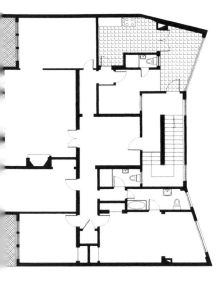

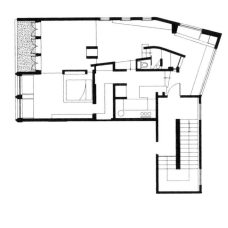

ans Planer Plantegninger

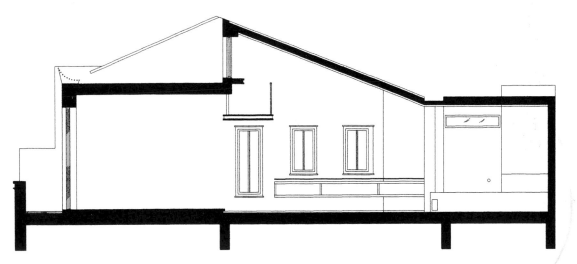

Cross section Tvärsnitt Tværsnitstegning

apartment's interior configuration allows the path to cross all the spaces, taking advantage of the available space while also marking off the different settings.

enhetens utformning gör att gångstigen korsar alla utrymmen, och därigenom utnyttjas den tillgängliga ytan, samtidigt som de olika miljöerna avgränsas.

ighedens indvendige komposition giver mulighed for, at gangen kan krydse alle rummene, og udnytte den plads der er, mens den også markerer de forskellige rum.

Concrete, green marble, brick, wood, steel, and glass combine harmoniously to give each space its own personality.

Betong, grön marmor, tegel, trä, stål och glas blandas på ett harmoniskt sätt så att varje utrymme får en egen personlighet.

Beton, grønt marmor, mursten, træ, stål og glas spiller harmonisk sammen for at give hvert rum sit eget præg.

Apartment in Soho
Lägenhet i Soho
Lejlighed i Soho

Procter & Rihl

This apartment originally consisted of a studio linked by a staircase to the bedroom and the terrace. The spaces were badly designed, due to the awkward positioning of the stairs and the excessive size of the terrace in comparison to the apartment. The interior space was extended upward and outward to provide views over the east and west of London. The layout of the apartment was inverted, placing the kitchen and living room on the upper floor while relocating the bedroom, entrance, bathroom, and studio on the ground floor. The space was made to look larger through the strategic location of mirrors and, similarly, the definition of details contributed to the sensation of greater expansiveness. The definition of space has been achieved subtly by using of contrasting textures, without any need to separate the rooms, so a wide variety of materials have been used inside the apartment.

Denna lägenhet bestod ursprungligen av en ateljé som med hjälp av en trappa anslutits till sovrummet och terrassen. Dessa utrymmen var dåligt utformade på grund av trappans opraktiska placering och terrassens överdrivna storlek i förhållande till lägenheten. Invändigt har ytan utökats uppåt och utåt för att ge utsikt över östra och västra London. Lägenhetens planlösning var inverterad, med kök och vardagsrum på övervåningen, medan sovrum, entré, badrum och ateljé omfördelats till bottenvåningen. Man har fått utrymmet att se större ut genom att placera speglar på strategiska platser, och på samma sätt bidrar framhävande detaljer till känslan av större vidsträckthet. Utrymmets avgränsning har uppnåtts på ett subtilt sätt genom att man använder kontrasterande texturer utan att behöva särskilja rummen, och därför har många olika material använts inuti lägenheten.

Denne lejlighed var oprindeligt sammensat af et atelier forbundet til soveværelset og terrassen via en trappe. Rummene var meget dårligt udnyttet på grund af den akavede placering af trapperne og den alt for store terrasse i forhold til lejligheden. Det indvendige rum blev udbygget opad og udad for at skabe udsigt til øst og vest London. Designet af lejligheden blev spejlvendt og køkkenet og stuen placeret på øverste etage, mens soveværelse, entré, badeværelse og atelier blev lagt i stueetagen. Lejligheden kom til at virke større på grund af en strategisk placering af spejle, og på samme måde bidragede forskellige dekorative detaljer til en fornemmelse af rummelighed. Lejlighedens rummelighed er underfundigt konstrueret ved at bruge teksturer, der står i kontrast til hinanden, så en egentlig ruminddeling er unødvendig, og der er derfor brugt en række forskellige materialer inde i lejligheden.

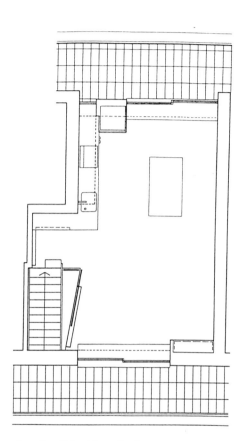

Ground floor Bottenvåningen Stueetage

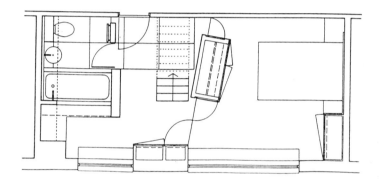

First floor Första våningen Første sal

custom-designed tables were conceived as delicate interior elements.
specialdesignade borden var tänkta som ett taktfullt inslag i inredningen.
specialfremstillede borde blev opfattet som en del af et delikat interiør.

The frameless glass windows that occupy the full height of the apartment allow for a great affluence of natural light.

Fönstren utan ram som sträcker sig ända upp till lägenhetens tak låter det naturliga ljuset flöda fritt.

Vinduerne uden rammer, der går fra gulv til loft, lader en overfold af dagslys skinne ind.

The space has been subtly defined through the use of contrasting materials.

Utrymmet har avgränsat på ett subtilt sätt med hjälp av kontrasterande material.

Lejligheden er underfundigt defineret ved at bruge kontrasterende materialer.

☐ 3R House
Huset 3R
3R Hus

Hiroyuki Arima

Although the exterior was left unaltered, the interior of this apartment was modified by eliminating fixed partitions in order to generate a continuous, open space. The name alludes to the three movable panels placed near the entrance to the apartment. By folding them at different angles, the space can be modified to provide many different combinations, depending on the needs and tastes of each resident. The floors, walls, and ceilings were painted white to enhance the low-intensity light entering from the north. The rooms succeed each other on both floors, which are linked by a staircase. The original windows have been screened by translucent plastic panels, forming small spaces that may be used for storage, as a library area, or as a belvedere overlooking the garden.

Trots att utsidan lämnades oförändrad, modifierades denna lägenhet invändigt genom att man tog bort fasta avskärmningar för att få fram en mer öppen, sammanhängande yta. Namnet anspelar på de tre flyttbara panelerna som placerats i närheten av lägenhetens entré. Om man viker dem i olika vinklar kan utrymmet modifieras för att ge många olika kombinationer, beroende på varje boendes behov och personliga smak. Golv, väggar och tak målades vita för att förstärka det svaga ljuset som kommer in från norr. Rummen ligger efter varandra på båda våningarna, som förenas av en trappa. Originalfönstren har skärmats av med genomskinliga plastpaneler, vilket skapar små utrymmen som kan användas som förråd, bibliotek, eller utkiksplats med utsikt över trädgården.

Selvom ydersiden af denne lejlighed forblev intakt, blev det indvendige forvandlet ved at rive alle indmurede skillevægge ned for at skabe ét kontinuerligt og åbent rum. Lejlighedens navn hentyder til de tre mobile plader, der står nær indgangen til lejligheden. Ved at folde dem i forskellige vinkler, kan rummet omdannes, og der kan skabes mange forskellige kombinationer alt efter ejerens smag og behag. Gulvene, væggene og loftet er alle malet hvide for at fremhæve det milde lys, der skinner ind fra nord. Værelserne ligger i forlængelse af hinanden på begge etager, der er forbundet via en trappe. De originale vinduer er skærmet af halvgennemsigtige plastikplader, der former et lille rum, som kan bruges til opbevaring, biblioteksområde eller en udsigtsplads til haven.

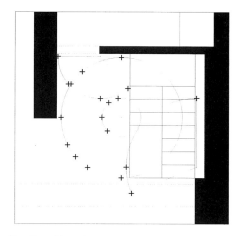
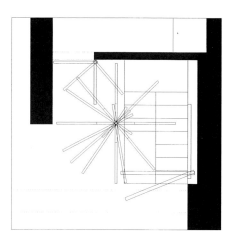

Plans Planer Plantegninger

Section Tvärsnitt Snittegning

rooms succeed each other on both floors, which are linked by a metal staircase.

men ligger efter varandra på båda våningarna, som förenas av en metalltrappa.

elserne ligger i forlængelse af hinanden på begge etager, der er forbundet via en trappe.

The original windows have been screened by translucent plastic panels that form small spaces suitable for storage.

Originalfönstren har skärmats av med genomskinliga plastpaneler, som skapar små utrymmen för förrådsförvaring.

De originale vinduer er skærmet af halvgennemsigtige plastikplader, der former et lille rum passende til opbevaring.

iroyuki Arima's projects reflect a typically Japanese sensitivity, a combination between tradition and futurism.

rojekt av Hiroyuki Arima speglar en typiskt japansk sensibilitet, en kombination av tradition och futurism.

Hiroyuki Arimas projekter afspejler typisk japansk sensitivitet - en kombination af tradition og futurisme.

The space can be modified by folding the three movable panels that are placed near the entrance at different angles.

Utrymmet kan modifieras om man viker de tre flyttbara panelerna som placeras när ingången i olika vinklar.

Lejlighedens udformning kan ændres ved at folde de tre mobile plader, der står nær indgangen, i forskellige vinkler.

Apartment in Prenzlauer Berg
Lägenhet i Prenzlauer Berg
Lejlighed i Prenzlauer Berg

Grollmitz-Zappe

Situated on the third floor of a late-nineteenth-century industrial brick building, this flat takes full advantage of its primary construction element. Wrapped in red brick walls, a vaulted brick ceiling, and a polished cement floor, the apartment stands out for its minimal yet striking design. In the center of the space lies an unconventional bathroom pod held within a sculpted metal wire mesh, whose translucency varies according to the light it receives. The bathroom and living area occupy one half of the space, while the other half is taken up by the kitchen and dining area. Three separate, mobile kitchen units make it possible to transform a cooking space into an informal eating area. To assure the authenticity of the materials and emphasize their esthetic potential, all the electrical wiring, sockets, switches, and heating were set in the cement floor.

Denna lägenhet ligger på tredje våningen i en industribyggnad i tegel från senare delen av artonhundratalet, och utnyttjar till fullo det främsta konstruktionselementet. Omgärdat av röda tegelväggar, ett välvt tegeltak, och ett polerat cementgolv, är lägenheten anmärkningsvärd tack vara den minimala men ändå imponerande designen. I mitten av utrymmet ligger en okonventionell badrumskapsel som hålls på plats med hjälp av ett skulpterat nät av metalltråd, vars genomskinlighet varierar beroende på det ljus som träffar den. Badrummet och boytan tar upp hälften av utrymmet, medan den andra halvan består av köket och matplatsen. Tre separata, mobila köksenheter gör det möjligt att omforma en matlagningsplats till en informell matplats. För att bevara materialet i så bra skick som möjligt och markera dess estetiska potential, sattes alla elektriska kablar, säkringar, omkopplare och all värme in i cementgolvet.

Denne lejlighed, der ligger på tredje etage af en industrimurstensbygning opført sidst i det 18. århundrede, gør brug af dens oprindelige konstruktionselement. Bygget med røde mursten, et hvælvet murstensloft og et poleret cementgulv skiller denne lejlighed sig ud på grund af dens minimale men stadig markante design. I midten af lejligheden er der placeret en ukonventionel badeværelseskapsel, der er bygget ind i et modelleret metaltrådnet, hvis gennemsigtighed varierer i takt med det lys den modtager. Badeværelset og stuen fylder den ene halvdel af lejligheden, mens den anden halvdel bliver brugt til køkken og spisestue. Tre separate og mobile køkkenenheder giver mulighed for at omdanne køkkenområdet til et uformelt spiseområde. For at bevare materialernes ægthed og fremhæve deres æstetik er alle elektriske installationer, stik, stikkontakter og varmere bygget ind i cementgulvet.

unconventional bathroom pod is contained within a sculpted wire mesh, whose translucency varies according to the light it receives.

okonventionell badrumskapsel döljer sig inuti ett skulpterat trådnät, vars genomskinlighet varierar beroende på ljuset som når den.

ukonventionel badeværelseskapsel holdes fast i et modelleret trådnet, hvis gennemsigtighed varierer i takt med det lys den modtager.

A free-standing basin unit includes storage facilities without occupying much space inside the bathroom pod.

En fristående tvättställsenhet innehåller förvaringsmöjligheter utan att ta upp särskilt mycket utrymme inuti badrumskapseln.

En fristående håndvask, hvor der også er skabsplads, står inde i badeværelseskapslen, så den ikke optager for meget plads.

Attic in Kreuzberg
Vind i Kreuzberg
Industrilejlighed i Kreuzberg

Peanutz Architekten

This attic was built to take advantage of a gap left by an old staircase inside a telephone factory. Its high ceilings and verticality prompted the architects to convert it into a multi-level space. A surface area of 1,320 square feet was distributed over three levels. The entrance, near the kitchen, which forms part of the building's original stairwell, opens onto a twenty-three-foot-high space. The open-plan kitchen is contained within a U-shaped module of closets and drawers; beyond that, there lies a dining table with glass doors looking out on the exterior. A kitchen closet was designed to incorporate steps that lead up to the second level—a steel mezzanine structure containing a bedroom suspended from a series of steel beams. The use of steel is an attractive finish that refers to the industrial character of the original surroundings.

Denna vind byggdes för att utnyttja en lucka som en gammal trappa lämnat efter sig i en telefonfabrik. Eftersom det var högt i tak och tämligen vertikalt, fick arkitekterna konvertera den till ett utrymme i flera plan. En areal på 120 m² fördelades på tre plan. Entrén, i närheten av köket, som utgör en del av byggnadens originaltrappa, leder ut till ett utrymme som är sju meter högt. Det öppna köket ligger i en U-formad modul med garderober och byråer, och bortanför det ligger ett matsalsbord med glasdörrar ut mot utsidan. I köket designade man en garderob med trappor som leder upp till andra våningen – en mezzaninkonstruktion i stål med ett sovrum som hänger i ett antal stålbalkar. Användningen av stål är en attraktiv detalj som leder tanken till industrierna i de ursprungliga omgivningarna.

I en gammel telefonfabrik blev denne industriagtige lejlighed bygget for at udnytte et tomrum efterladt af en gammal trappe. De høje lofter og den lodrette struktur fik arkitekterne til at omdanne lejligheden til et fler-niveaus rum. Et overfladeareal på ca. 120 m² blev fordelt på tre niveauer. Entréen, der ligger tæt på køkkenet, er en del af bygningens oprindelige trappeskakt, der åbner op til et 7 meters højt rum. Det åbne køkken er placeret i et U-formet modul, der er fyldt med skabe og skuffer. I forlængelse af køkkenet, står der et spisebord med glasdøre, der vender mod det udvendige. Der blev bygget et køkkenskab for at tilføje nogle trin, som fører op til det andet niveau, dannet af en stålmezzaninsstruktur, hvor der er et soveværelse, der hænger ned fra en serie af stålbjælker. Ved at bruge stål skabes der en flot finish, der hænger godt sammen med den industrielle karakter af de oprindelige omgivelser.

ther bedroom is set in a space similar to the steel mezzanine, which is reached via by the main staircase that originates on the lower floor.

annat sovrum är inrymt i ett utrymme som liknar stålmezzaninen, som man kommer till via huvudtrappan som börjar på nedervåningen.

nu et soveværelse er placeret i en stålmezzanin, man kan komme op til via hovedtrappen, der starter på det nederste niveau.

A network of metal beams and light rails are fixed along the brick walls to meticulously light the interior spaces.

Ett nätverk av metallbalkar och lätta skenor har fästs i tegelväggen för att noggrant lysa upp lägenheten invändigt.

Et netværk af metalbjælker og lette skinner er sat op langs murstensvæggene for at oplyse hele det indre rum.

☐ Flex House
Flex-huset
Flex Hus

Archikubik

The underlying concept for this project was to allow the residents to modify their home according to their needs while encouraging light to circulate throughout. The architect divided the space into a day zone and a night zone; these zones are separated by the element that constitutes the bathroom: a cube whose walls do not reach the ceiling and which can be integrated into the apartment on one side or the other. This solution preserves the loft's sensation of open space and allows the wooden ceiling beams to remain exposed. The various spaces are divided by panels, mobile containers, and structural pieces of furniture. A red panel can either divide the living room into two parts or separate the kitchen from the dining room. This red element integrates all the settings and contrasts with the white walls elsewhere. For the floors, the architect used a smooth concrete veneer in order to emphasize spatial continuity.

Det grundläggande konceptet för det här projektet var att låta de boende modifiera sitt hem enligt behov, och samtidigt låta ljuset cirkulera fritt överallt. Arkitekten delade upp utrymmet i en dagszon och en kvällszon, och dessa zoner avdelas via den del som utgör badrummet: en kub vars väggar inte når taket och som kan integreras med lägenheten på ena eller andra sidan. Denna lösning bevarar vindsvåningens känsla av öppna ytor och behåller de vackra träbjälkarna i taket. De olika utrymmena delas upp av paneler, mobila containrar och strukturerade möbler. En röd panel kan antingen dela upp vardagsrummet i två delar eller separera köket från matplatsen. Detta röda inslag integrerar alla miljöerna och står i skarp kontrast till de vita väggarna på andra ställen. Till golven använde arkitekten en blank betongyta för att framhäva en kontinuerlig känsla av rymd.

Idéen bag dette projekt var at få lys cirkuleret gennem lejligheden og gøre det muligt for ejerne at ændre deres hjem efter deres behov. Arkitekterne opdelte lejligheden i en dagszone og en nat zone. Zonerne er adskilt af badeværelset: en kube, hvis vægge ikke når helt til loftet, og som kan integreres i lejligheden på den ene eller anden side. Denne løsning bevarer følelsen af rummelighed, som loftet giver og lader træloftsbjælkerne være synlige. De forskellige rum er opdelt af plader, mobile containere og strukturgivende møbler. En rød plade kan dele stuen op i to afdelinger eller separere køkkenet fra spisestuen. Dette røde element integrerer rummene og står i kontrast til de hvide vægge. Til gulvene brugte arkitekten en blank betonplade for at fremhæve lejlighedens rummelighed.

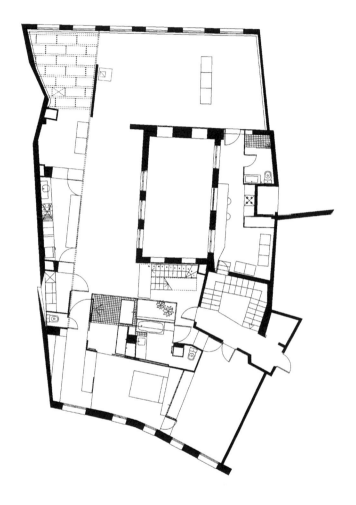

Plan Plan Plantegning

e bathroom is the element that links or separates the social area from the sleeping space.

drummet är den del som knyter ihop eller separerar sällskapsrummet från sovplatsen.

deværelset kan forbinde eller adskille fællesområdet fra soveværelserne.

Flexibility was achieved by using light materials to make mobile elements.

Flexibilitet uppnåddes med hjälp av mobila delar i lätta material.

Lejligheden er fleksibel, da man brugte lette materialer til at konstruere mobile elementer.

Inside the bathroom, the details, finishing, and furnishings were designed to merge with the surroundings.

Badrummets detaljer och inredning är utformade för att smälta in i omgivningen.

Badeværelsets indretning, detaljer, overflader og møblering, blev designet til at være i harmoni med omgivelserne.

☐ Moerkerke House
Moerkerke-huset
Moerkerke Hus

John Pawson

In this project, a traditional Victorian mews was converted into a home for three people. In order to take better advantage of the limited space available, the kitchen, bathroom and stairs were relocated. The bottom floor, which contains the kitchen, living room, and dining room, was left as open as possible to create a large continuous space, which may be subdivided if necessary. Two further elements were added to modify the proportions of the interior space and to satisfy the home's functional needs: a chimney wall containing a staircase, and a wall that both defines and conceals the kitchen, with a stainless steel canopy above the cooker. The staircase, which is squeezed tightly against the chimney wall, is generously lit from the skylight above. Both upstairs and downstairs, the flooring is made of cherry wood, while the walls, painted white all over, create a calm atmosphere that fosters reflection.

I det här projektet konverterades ett traditionellt viktorianskt hus till en bostad för tre personer. För att bättre kunna utnyttja det begränsade utrymme som fanns tillgängligt, flyttades kök, badrum och trappor. Bottenvåningen, som innehåller kök, vardagsrum och matplats, lämnades så öppen som möjligt för att skapa ett stort sammanhängande utrymme, som kan delas av om det behövs. Ytterligare två delar lades till för att ändra proportionerna invändigt och tillfredsställa hemmets funktionella behov: en skorstensvägg med trappa, och en vägg som både avgränsar och döljer köket, med en baldakin i rostfritt stål ovanför spisen. Trappan, som trängts ihop mot skorstensväggen, lyses upp ordenligt av takfönstret ovanför. Både på ovanvåningen och på nedervåningen är golvet gjort av körsbärsträ, medan väggarna, som målats helt vita, skapar en rogivande atmosfär som uppmanar till reflektion.

I dette projekt blev traditionelle victorianske staldbygninger, gamle bymæssige staldbygninger, ombygget til treværelseslejligheder. For bedre at kunne udnytte den begrænsede plads blev køkkenet, badeværelset og trapperne flyttet. Underetagen, hvor der er køkken, stue og spisestue, blev ladt så åben som muligt for at skabe ét stort, kontinuerligt rum, der kan inddeles, hvis det er nødvendigt. Der blev yderligere tilføjet to elementer til det indvendige rum, som også gør lejligheden mere funktionel: en skårstensvæg med indbygget trappe og en væg, der både afgrænser og skjuler køkkenet, hvor der hænger en emhætte af rustfrit stål over komfuret. Trappen, hvis trin er presset tæt op ad skårstensvæggen, overøses af lys fra ovenlysvinduet. Både ovenpå og nedenunder er gulvet af kirsebærtræ, mens de hvidmalede vægge skaber en rolig atmosfære, hvor lyset bliver reflekteret.

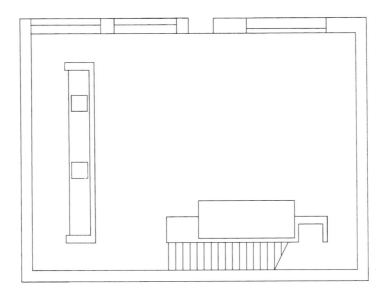

Ground floor Bottenvåningen Stueetage

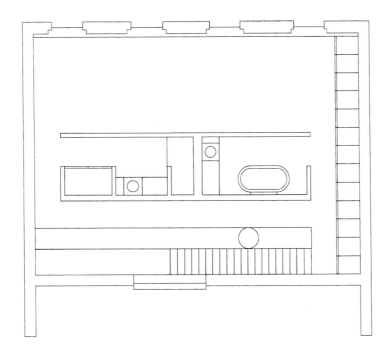

First floor Första våningen Første sal

floor is of made of cherry wood while the walls are all painted white to create a calm atmosphere that encourages reflection.

vet är gjort av körsbärsträ, medan väggarna målats vita för att skapa en rogivande atmosfär som uppmanar till reflektion.

vet er af kirsebærtræ, mens de hvidmalede vægge skaber en rolig atmosfære, hvor lyset bliver reflekteret.

The few pieces of furniture that alter the perception of the interior are the work of distinguished designers: the dining room chairs are by Wegner and the armchairs by Christian Liagre.

De få möbler som påverkar interiörens utseende har tillverkats av framstående formgivare: stolarna i matsalen är gjorda av Wegner och fåtöljerna av Christian Liagre.

De få designer møbler, som forvandler opfattelsen af interiøret, er lavet af anerkendte designere: spisestolene er designet af Wegner og lænestolene af Christian Liagre.

The vertical partitions are designed to appear subtle and light; they are separated from both the floor and the ceiling.

De vertikala avskärmningarna har utformats för att framstå som subtila och lätta. De är fristående både från golvet och från taket.

De lodrette skillevægge, der hverken når gulv eller loft, er designet til at se tynde og lette ud.

☐ **Paoletti Apartment**
Paoletti-lägenheten
Paoletti Lejlighed

Avatar Architettura

Set in a medieval building in the historical center, this project incorporated the transformation of a small space into an apartment for a young couple. The design explores the concept of a "habitable floor space" that is truly comfortable in its own right. The occupants can thus sit on the floor just as if it were a piece of furniture. The levelling of the cement produces variations in color that are mimicked on the walls. The materials used are left to evolve and express their own personality, exposed to inevitable weathering, thus contributing to the style characteristic of the home. The wooden floors obtained from scaffolding, rusty iron, unpolished plaster, and exposed limestone all evoke the passing of time and offer a wide range of tactile experiences on a day-to-day basis. Earthy colors predominate and plants emphasize the organic nature of the space.

Detta projekt finns i en medeltidsbyggnad i ett historiskt centrum och består i att förvandla en liten yta till en lägenhet för ett yngre par. Designen experimentera med konceptet "beboelig golvyta", och golvet är verkligen mycket bekvämt. De boende kan sitta på golvet precis som om det var en möbel. Utjämningen av cementet skapar en färgvariation som imiteras på väggarna. De material som har använts får större spelrum och kan uttrycka sin egen personlighet, utsätts för oundvikliga väderomslag, och bidrar på så vis till bostadens säregna stil. Trägolven, som skapats med hjälp av ställningar, rostigt järn, oslipat murbruk och exponerad kalksten, för tanken till tidens tand och erbjuder en mängd olika känselintryck varje dag. Jordnära färger dominerar och växter framhäver utrymmets organiska natur.

I det historiske Firenze i en middelalderlig bygning skulle dette projekt ombygge et lille rum til en lejlighed til et ungt par. Designet udforsker konceptet "beboelige gulvflader", der er komfortable i sig selv. Beboerne kan sidde på gulvet, som om det var et møbel. Betonens udspartling skaber forskellige farvevariationer, der er efterlignet på væggene. Materialerne har endnu ikke den færdige overflade og kommer til at være helt enestående, når de bliver udsat for vejr og vind, og på denne måde bidrage til lejlighedens særprægede stil. Trægulvene, der er sammensat af stilladsdele, rustent jern, upoleret murpuds og synlig kalksten leder tankerne tilbage i tiden og giver mulighed for mange sanseindtryk på en dag-til-dag basis. Jordfarver er dominerende og planter fremhæver lejlighedens organiske natur.

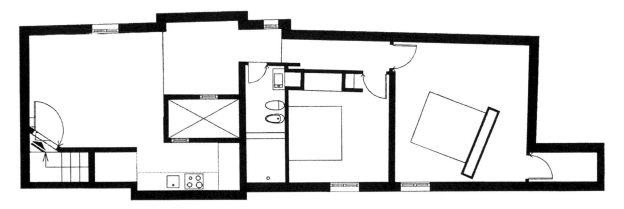

Plan Plan Plantegning

…st of the interior design, including the sofa, poof, table and pottery, was designed by Valeria Paoletti.

t mesta inredningen, som t ex soffa, kudde, bord och porslin, har designats av Valeria Paoletti.

fleste møbler som sofa, sækkestole, borde samt keramik blev designet af Valeria Paoletti.

The design explores the concept of a "habitable floor space" that is truly comfortable in its own right.

Designen experimenterar med konceptet "beboelig golvyta", och golvet är verkligen bekvämt.

Designet udforsker konceptet "beboelige gulvflader", der er komfortable i sig selv.

Earth tones predominate, while plants emphasize the organic nature of the space.

Jordnära färgtoner dominerar, medan växter framhäver utrymmets organiska natur.

Jordfarver er dominerende, mens planter fremhæver lejlighedens organiske natur.

☐ **Apartment in Dornbirn**
Lägenhet i Dornbirn
Lejlighed i Dornbirn

Geli Salzmann

The house containing this apartment was originally a tavern and blacksmith's foundry in a small, idyllic square in Dornbirn, Austria. The apartment is situated in the upper part of the structure, just below the building's sloping roof, which gives the interior space its pronounced triangular shape. The service areas, including the toilet, shower, and storage facilities, are separated by units that stop short of the ceiling. The interior design highlights the interaction between the visible parts of the building's original structure and the superbly finished surfaces and furnishings that combine wooden panels, plasterboard, stucco, and marble. The wooden furnishings consist of pieces designed to perform multiple functions.

Det hus där denna lägenhet finns var från början en taverna och en smedja vid ett litet idylliskt torg i Dornbirn i Österrike. Lägenheten är placerad i byggnadens övre del, precis under det sluttande taket, som ger det invändiga utrymmet dess karakteristiska trekantiga form. Våtutrymmen, som t ex toalett, dusch och förråd, avskiljs av enheter som inte når riktigt ända upp till taket. Inredningen framhäver interaktionen mellan de synliga delarna av byggnadens ursprungliga konstruktion och de enastående vackra ytorna och möblerna i en stilfull kombination av träpaneler, gipsskivor, stuckatur och marmor. Träinredningen består av möbler som utformats för flera olika funktioner.

I et hus, der oprindeligt var kro og grovsmedsstøberi, ligger denne lejlighed på et lille, idyllisk torv i Dornbirn i Østrig. Lejligheden ligger i den øvre del af strukturen lige under bygningens skråtag, hvilket markant former det indvendige rum til en trekant. Fællesrummene som toilet, bad og opbevaringsrum separeres af enheder, der stopper lige før loftet. Den indvendige udformning fremhæver samspillet mellem de synlige dele af bygningens originale struktur, og de overflader og møbleringer, der på fantastisk vis kombinerer træplader, gipsplader, stuk og marmor. Træmøblerne er designet til at være multifunktionelle.

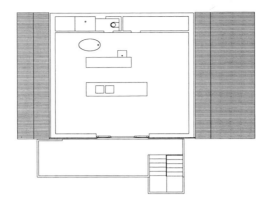

Plan Plan Plantegning

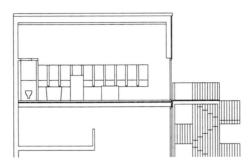

Longitudinal section Längsgående tvärsnitt Længdesnitstegning

Cross section Tvärsnitt Tværsnitstegning

distinctive appearance of this setting is achieved by combining contemporary pieces with more rustic objects and materials.

distinkta utseendet på denna miljö uppnås genom en kombination av moderna inslag och mer rustika objekt och material.

bineringen af moderne møbler med mere rustikke objekter og materialer har givet denne lejlighed et distinktivt udseende.

With a touch of playful whimsy, the Austrian artist Edith Grabher has placed golden antlers on a surface painted to look like the sky.

Med en slags lekfull humor har den österrikiska konstnären Edith Grabher placerat gyllene horn på en bakgrund som har målats i samma färg som himmelen.

Den østrigske kunstner, Edith Grabher, hang forgyldte gevirer op på en væg, malet som en himmel, og gav lejligheden et præg af legefuld lune.

booden furnishings consist of pieces designed to perform multiple functions. The kitchen worktop is also the dining table and the sideboard forms the rear part of the bathroom.
edningen består av möbler som utformats för flera olika funktioner samtidigt. Arbetsbänken i köket är även matsalsbord, och serveringsbordet utgör badrummets bakre del.
øblerne er designet til at være multifunktionelle. Køkkenbordet, der også er spisebord, har en skænk for enden, der markerer badeværelset.

The space is organized around two pieces laid out parallel to the entrance: the large table that serves as the dining area, and the sideboard that marks off the bathroom.

Utrymmet är organiserat kring två möbler som ställts parallellt med entrén: det stora bordet som fungerar som matplats, och serveringsbordet som avgränsar badrummet.

Lejligheden er indrettet omkring to møbler, der står parallelt med entréen: det store bord, der er spiseområdet og en skænk, der markerer badeværelset.

☐ Residence in Munich
Bostad i München
Lejlighed i München

Siggi Pfundt/Form Werkstatt

Located in the center of Munich, this apartment forms part of what was previously a sewing-machine factory in the city's old industrial area. In order to divide up the apartment, the architect installed five modular chipboard panels hanging from a metal rail. These elements accentuate the longitudinal axis of the unit and separate the private and social areas. As a result, the bedroom – differentiated from the rest of the home by its wooden floor – can remain isolated from the living room and work area, or it can become part of the large open space. The social and work areas are grouped along the façade in order to make the most of the space's only source of light. The cement floor alludes to the industrial spirit of the old factory and blends with the wood and metal to create warmth in this factory-turned-apartment.

Denna lägenhet ligger mitt i centrala München och utgör en del av det som tidigare var en symaskinsfabrik i stadens gamla industriområde. För att kunna avdela lägenheten installerade arkitekten fem spånskivemoduler som hänger i en metallskena. Dessa inslag framhäver enhetens längsgående axel och separerar det privata området från sällskapsytor. Som resultat av detta kan sovrummet – som skiljs från resten av bostaden genom sitt trägolv – förbli isolerat från vardagsrummet och arbetsytan, eller också kan det bli en del av det stora, öppna utrymmet. Sällskaps- och arbetsytorna grupperas längs fasaden för att i mesta möjliga mån kunna utnyttja utrymmets enda ljuskälla. Cementgolvet väcker känslan av industri i den gamla fabriken, och genom en kombination av trä och metall skapas värme i denna fabrikslägenhet.

I hjertet af München ligger denne lejlighed i en gammel symaskinefabrik i byens gamle industrikvarter. For at opdele lejligheden installerede arkitekten fem modulopbyggede spånplader, der hænger i en metalskinne. Disse elementer fremhæver lejlighedens akse på langs og adskiller privat- og fællesområderne. Af denne årsag kan soveværelset, der er forskellig fra resten af lejligheden på grund af dets trægulv, enten isoleres fra stuen og arbejdsområderne, eller det kan integreres i det lange, lyse rum. Fælles- og arbejdsområderne er grupperet langs facaden for at få det meste ud af lejlighedens eneste lyskilde. Betongulvet harmonerer med den gamle fabriks industriagtige stil og sammen med træ og metal skabes der varme i denne industriagtige lejlighed.

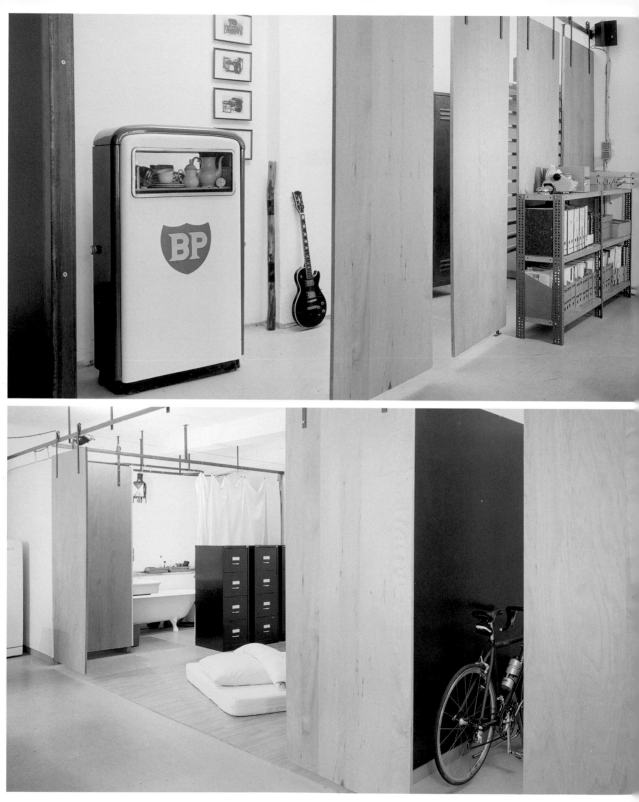

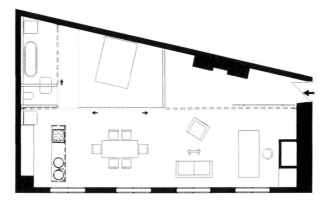

Plan Plan Plantegning

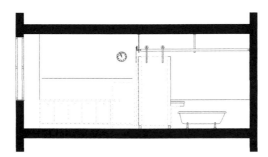

Cross section Tvärsnitt Tværsnitstegning

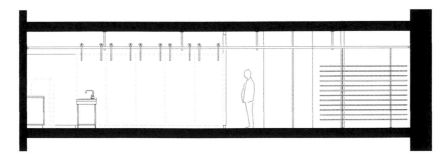

Longitudinal section Längsgående tvärsnitt Længdesnitstegning

architect opted for birch plywood so that the panels could be maneuvered with ease and the renovation endowed with warmth.

itekten valde plywood av björk så att panelerna lätt kan styras och upprustningen kan tillföra värme.

itekten valgte at bruge birketræskrydsfiner, så pladerne nemt kan flyttes og renoveringen udstråler varme.

☐ Apartment in Janelas Verdes
Lägenhet i Janelas Verdes
Lejlighed i Janelas Verdes

João Maria Ventura

The aim of this project was to turn this two-story space into a comfortable home for a single person. On the upper level, which contains the entrance, space was freed up as much as possible to create a long, narrow living room. At one end, an opening on to the courtyard offers a view of the tree that grows there. The bathroom and kitchen are located on one side of this level, with a small dining niche near the window. The lower floor contains the bedroom, defined by four walls, the laundry room, placed under the stairs, and the exit on to the courtyard. The impact of the limited floor space and low height is minimized by the light that filters through the leaves of the tree. Painting all the walls white made the best of these far-from-perfect conditions.

Syftet med det här projektet var att förvandla detta tvåvånings-utrymme till ett bekvämt hem för en ensamstående person. På övre plan, som innehåller entrén, öppnades utrymmet upp så mycket som möjligt för att skapa ett långt, smalt vardagsrum. I ena änden ger en öppning ut mot gårdsplanen utsikt över ett träd som växer där. Badrummet och köket finns på ena sidan av detta plan, med en liten matplats vid fönstret. Nedre plan inne-håller sovrummet som avgränsas av fyra väggar, tvättstuga under trappan, och dörr ut mot gårdsplanen. Inverkan av den begränsade golvytan och den låga höjden minimeras av ljuset som filtreras genom trädets löv. Att måla alla väggarna vita var det bästa man kunde göra under dessa allt annat än perfekta villkor.

Målet for dette projekt var at omdanne denne toetagers lejlig-hed til en komfortabel etværelseslejlighed. På det øverste plan, hvor entréen ligger, blev rummet åbnet så meget som muligt ved at skabe en lang, snæver stue. I den ene ende kan man gen-nem en åbning se gården, hvor der står et træ. Badeværelset og køkkenet ligger i den ene side af dette plan, og der er et lille spi-sehjørne nær vinduet. På etagen under er der et soveværelse, som er afgrænset af fire vægge, et brøkers under trapperne og en dør ud til gården. På grund af dagslyset, der filtreres gennem bladene på træet, virker lejlighedens begrænsede gulvplads og det lave loft ikke indsnævrende. Ved at male alle væggene hvide fik man det bedste ud af disse langt fra perfekte omstæn-digheder.

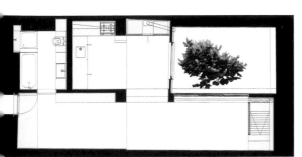

st floor Första våningen Første sal

Ground floor Bottenvåningen Stueetage

ngitudinal section Längsgående tvärsnitt Længdesnittegning

Cross section Tvärsnitt Tværsnitstegning

interior courtyard provides the apartment with the natural light and ventilation necessary for a home.

nre gårdsplan ger lägenheten det naturliga ljus och den ventilation som ett hem så väl behöver.

indvendig gård giver lejligheden dagslys, og den ventilation der skal være i et hjem.

Painting all the walls white made the most of these far from ideal conditions.

Att måla alla väggarna vita var det bästa man kunde göra under dessa allt annat än idealiska villkor.

Ved at male alle væggene hvide fik man det bedste ud af disse langt fra ideelle omstændigheder.

Bollarino Apartment
Lägenheten Bollarino
Bollarino Lejlighed

W. Camagna, M. Camoletto, A. Marcante/UdA

This apartment was created as a result of the restoration of an old home in the heart of Turin, Italy. The main challenge was to link the glass-enclosed balcony, with its view of the garden, to the rest of the existing space. To accomplish this, the dividers that previously broke up the space were almost entirely eliminated. Only the structural walls were retained, and these served as a point of departure for marking off the various areas. The three original rooms were replaced by a generous, continuous space. The bathroom with a shower takes on a great formal richness that blends with the existing wall, the glass skylight, the painted metal beams, and the glass sliding doors. The permeability of the space and the play of reflections produced by the glass are also visible from the outside.

Denna lägenhet är resultatet av restaureringen av en gammal bostad i hjärtat av Turin, Italien. Den största utmaningen var att ansluta den glasinbyggda balkongen, med utsikt mot trädgården, till resten av det existerande utrymmet. För att uppnå detta tog man nästan helt och hållet bort de konstruktioner som avdelade ytan tidigare. Endast bärande väggar behölls, och de fungerade som utgångspunkt för avgränsningen av de olika ytorna. De tre ursprungliga rummen ersattes av ett generöst, sammanhängande utrymme. Badrummet med dusch får en enorm yttre fyllighet som passar bra till den existerande väggen, takfönstret, de målade metallbalkarna och skjutdörrarna i glas. Utrymmets permeabilitet och solkatternas lek som orsakas av glaset syns också utifrån.

Som resultat af en restauration af et gammelt hjem i hjertet af Turin i Italien blev denne lejlighed bygget. Den største udfordring var at forbinde glasbalkonen, hvor der er udsigt til haven, til resten af det eksisterende rum. Derfor rev man næsten alle skillevægge ned, der tidligere opdelte lejligheden. Kun de bærende vægge blev ladt tilbage, og de blev udgangspunkt for en afgrænsning af forskellige områder. De tre originale rum blev udskiftet med ét stort, kontinuerligt rum. Badeværelset med brusebad har en fyldig komposition, der går godt i spænd med den eksisterende væg, ovenlysvinduet, de malede metalbjælker og glasskydedørene. Lejlighedens gennemtrængelighed og legen med lys, der bliver kastet frem og tilbage fra glasset, kan også ses udefra.

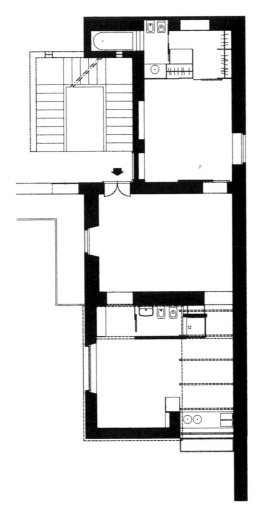

Plan Plan Plantegning

ening up the interior space made it possible to enjoy views of the garden from almost anywhere in the apartment.

nom att öppna upp invändigt kan man se utsikten över trädgården från nästan överallt i lägenheten.

d at åbne det indvendige rum er det blevet muligt at nyde udsigt til haven fra det meste af lejligheden.

Red metal beams create a dynamism that interacts with the structural walls.

Röda metallbalkar skapar, tillsammans med de yttre väggarna, en särskild dynamik.

Røde metalbjælker skaber en dynamik, som er i vekselvirkning med de bærende vægge.

The details and finishing are striking in their simplicity. A set of three sliding doors in the bedroom makes the entrance to the bathroom and closet a subtle composition.

Detaljerna är slående i sin enkelhet. Tre skjutdörrar i sovrummet utgör tillsammans ingången till badrummet och garderoben, och är en subtil komposition.

Detaljerne og overfladerne er imponerende i al deres simpelhed. Tre skydedøre i soveværelset danner også indgangen til badeværelse og skab, der er subtilt konstrueret.

Apartment on Flinders Lane
Lägenhet på Flinders Lane
Lejlighed på Flinders Lane

Tom McCallum, Shania Shegedyn

This space is located in an old office building in the heart of Melbourne, Australia, that was converted into an apartment complex. The project is defined by two main elements. The first is a multifunctional, free-standing wood-framed unit that encloses the sleeping area, provides storage space, serves as an auxiliary dining room, includes bookshelves, and is a sculptural element in its own right. This unit, looking almost like a piece of furniture, is free-standing and touches neither the ceiling nor the side walls. The second element is the set of patterns sandblasted into the original cement floor. These patterns, with their polished texture, are reminiscent of the diagrams used by the architects in their design plans and contrast with the previous floor covering. The space was left completely open and the patterns on the floor simply suggest ways to approach the layout and accommodate the furnishings.

Denna yta inryms i en gammal kontorsbyggnad i hjärtat av Melbourne, Australien, som konverterats till ett lägenhetskomplex. Projektet utgörs av två huvuddelar. Den första delen är en flerfunktionell, fristående, träinfattad enhet som avgränsar sovplatsen, ger förvaringsutrymme, fungerar som en extra matplats, innehåller bokhyllor, och är i sig ett riktigt skulpturinslag. Denna enhet som nästan ser ut som en möbel, är fristående och når varken taket eller sidoväggarna. Den andra delen är de mönster som blästrats in i det ursprungliga cementgolvet. Dessa mönster, med sin slipade yta, påminner om de figurer som arkitekterna använde i sina designplaner och är en kontrast till tidigare golvbeklädnad. Utrymmet lämnades helt öppet och mönstren på golvet ger helt enkelt förslag på planlösningar och hur möblerna ska placeras.

I centrum af Melbourne i Australien ligger denne lejlighed i en gammal kontorbygning, der blev ombygget til et lejlighedskompleks. Projektet består af to hovedelementer. Det første element er en multifunktionel fritstående træenhed, der lukker af til soveområdet og kan bruges til opbevaringsplads eller som en ekstra spisestue. Enheden, der er dekorativ i sig selv og har indbyggede boghylder, er hverken i berøring med gulv eller loft og ligner mest af alt et møbel. Det andet element er de sandblæste mønstre i det originale betongulv. Disse mønstre, med deres blankpoleret tekstur, minder om de skematiske tegninger, som arkitekter bruger i deres plantegninger, og står i kontrast til den forhenværende gulvbelægning. Lejligheden er helt åben og mønstrene i gulvet viser simple måder, man kan gribe sådan et layout an på og vælge møbler efter.

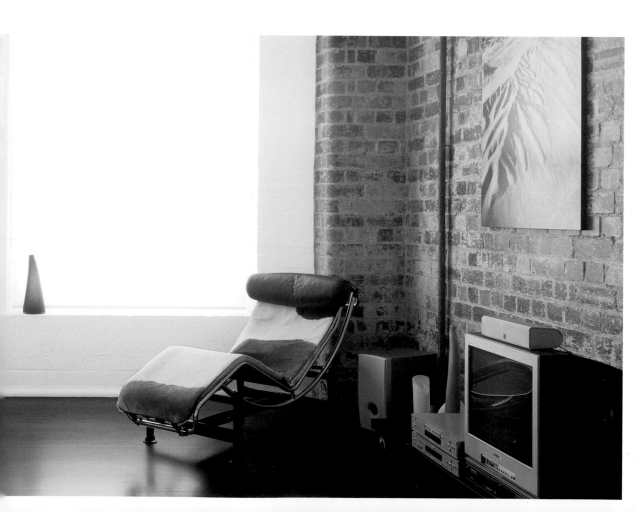

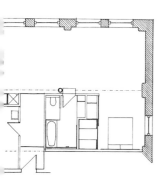

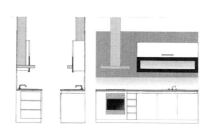

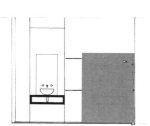

...ultifunctional, free-standing wood-framed unit encloses the sleeping area, as well as providing storage space and bookshelves.
...erfunktionell, fristående, träinfattad enhet ramar in sovplatsen, samtidigt som den fungerar som förvaringsutrymme och bokhylla.
...nultifunktionel, fritstående træenhed lukker af til soveområdet og fungerer også som opbevaringsplads og boghylde.

This unit is free-standing, touches neither the ceiling nor the side walls, and looks almost like a piece of furniture.

Denna enhet är fristående och når varken tak eller sidoväggar. Den ser nästan ut som en möbel.

Denne fritstående anordning er hverken i berøring med loft eller vægge og ligner mest af alt et møbel.

West Village Apartment
Lägenhet i West Village
West Village Lejlighed

Desai/Chia Studio

The design of this apartment had to be flexible enough to permit entertaining and accommodate visitors for short periods in a minimal space. After removing the partitions that divided the interior, the designers concentrated all the activities in a central space. Grouping the service areas, such as the kitchen, bathroom, and laundry room, on a side wall ensured efficient use of the space while optimizing the placement of fixtures. A small attic bedroom above the kitchen was built with thin strips of stainless steel to leave as much space as possible both above and below the platform. In addition to creating a small extra bedroom, it acts as a backdrop for the living area. A storage unit made of lacquered panels is the only element separating the bedroom from the rest of the apartment. Lights built into the loft's structure illuminate the kitchen as well as the sleeping area, while the wooden planks add a touch of warmth to both spots.

Utformningen av denna lägenhet var tvungen att vara tillräckligt flexibel för att besökare skulle kunna få plats på den minimala ytan under kortare perioder. Efter att avskärmningen som delade upp lägenheten invändigt tagits bort, la formgivarna all sin kraft på den centrala ytan. Genom att samla våtutrymmen, som kök, badrum och tvättstuga vid en sidovägg, kunde man utnyttja utrymmet på ett effektivt sätt och samtidigt optimera placeringen av fasta inventarier. Ett litet vindssovrum ovanför köket byggdes med tunna band av rostfritt stål för att lämna så mycket fritt utrymme som möjligt både ovanför och under platt-formen. Förutom att det skapar ett extra sovrum, fungerar det som bakgrund till boytan. En förvaringsmöbel av lackerade paneler är det enda som skiljer sovrummet från resten av lägenheten. Ljus som byggts in i loftkonstruktionen lyser upp köket, liksom sovplatsen, medan träplankorna ger båda plat-serna en känsla av värme.

Konstruktionen af denne lejlighed skulle være fleksibel nok til at have gæster boende i korte perioder i et lille rum. Efter at have revet de skillevægge ned, der opdelte det indvendige, koncent-rerede arkitekterne alle aktiviteter på ét centralt sted. En effek-tiv udnyttelse af pladsen blev sikret ved at gruppere fællesom-råder som køkken, badeværelse og vaskerum langs en sidevæg, mens det også optimerede armaturernes placering. Over køkke-net blev der bygget et lille, loftagtigt soveværelse, konstrueret af tynde rustfrit stålbånd, for at give så meget plads som muligt både over og under forhøjningen. Udover at være ekstra sove-værelse fungerer den også som baggrund for stueområdet. En opbevarelsesenhed lavet af lakerede plader er det eneste ele-ment, der separerer soveværelset fra resten af lejligheden. Der er blevet installeret lys i loftet, som oplyser både stuen og sove-området, mens træplanker gør begge rum varmere.

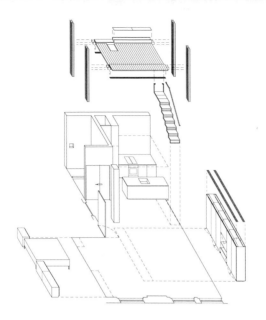

Perspective Uppifrån Perspektiv

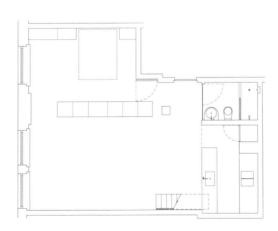

Plan Plan Plantegning

height of the space was exploited to place a sleeping platform above the kitchen.

mmets höjd utnyttjades för att placera en sovplattform ovanför köket.

en af lejligheden blev udnyttet til at bygge en lille soveforhøjning over køkkenet.

The upper level is reached by a thin, stainless-steel staircase with open steps that provide glimpses of the space below the loft.

Man kommer till övre plan via en tunn trappa i rostfritt stål, med öppna trappsteg som ger en glimt av utrymmet nedanför loftet.

Man kan komme op på det øvre niveau via en rustfri stål trappe med store trin, der også gør, at man kan se glimt af rummet under loftet.

athroom is striking for its simple lines and the glass that allows light to penetrate inside.

mmet är imponerande på grund av de enkla linjerna och glaset som gör att ljuset kan nå ända in.

ærelset er imponerende med dets simple linjer og vinduet, der lader dagslys skinne ind.

☐ Apartment on Rue Rochechouart
Lägenhet på Rue Rochechouart
Lejlighed på Rue Rochechouart

Peter Tyberghien

Despite its small size, this apartment was originally divided into a bedroom, kitchen, bathroom, and living room. The first step in the renovation was to tear down all the interior walls dividing the space and, taking advantage of the absence of structural elements, create a single, open space. The slightly longitudinal proportions and the presence of two windows on the main façade were the starting points for the creation of the new layout. All the service areas are set against the wall opposite the windows, where the entrance is located. A series of folding doors hide the tiny kitchen, which can be integrated into the space, as well as the closet and the bathroom, the only independent element. The furnishings are replete with details that define the project and make this apartment a sophisticated and comfortable home.

Trots sin ringa storlek var den här lägenheten ursprungligen uppdelad i ett sovrum, kök, badrum och vardagsrum. Första steget vid renoveringen var att riva ned alla innerväggar som delade av utrymmet och, genom att utnyttja avsaknaden av konstruktioner, skapa en enda öppen yta. De något långdragna proportionerna och de två fönstren på huvudfasaden var utgångspunkten för den nya planlösningens tillblivelse. Alla våtutrymmen ligger vid väggen mitt emot fönstren, intill entrén. Ett antal vikdörrar döljer det lilla köket, som kan integreras med utrymmet, liksom garderoben och badrummet, som är den enda fristående konstruktionen. Inredningen är full av detaljer som kännetecknar projektet och gör lägenheten till ett sofistikerat och bekvämt hem.

På trods af den lille størrelse var denne lejlighed oprindelig inddelt i soveværelse, køkken, badeværelse og stue. Det første skridt i renoveringen bestod i at rive alle de indre skillevægge ned og udnytte det store rum uden konstruktionselementer for skabe ét enkelt, åbent rum. De noget aflange proportioner og de to vinduer i hovedfacaden var udgangspunktet for forvandlingen. Alle fællesområder ligger ved væggen, modsat vinduerne, hvor entréen er. Foldedørene, der er de eneste selvstændige elementer, gemmer et lille køkken, som kan integreres i rummet ligesom skabet og badeværelset også kan integreres. Møbleringen er spækket med detaljer, der kendetegner projektet, og gør denne lejlighed til et sofistikeret og komfortabelt hjem.

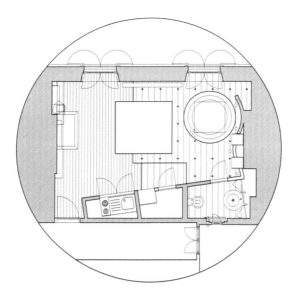

Plan Plan Plantegning

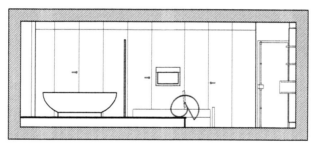

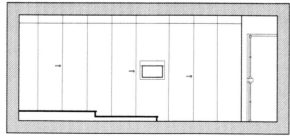

Sections Tvärsnitt Snittegninger

...arge, flat, space-saving screen is complemented by sophisticated music and video equipment.

stor, platt, utrymmesbesparande skärm kompletteras av raffinerad musik- och filmutrustning.

stor pladsbesparende fladskærm er komplimenteret med sofistikeret musik- og videoudstyr.

A professional coffee grinder is built into the service unit, next to the closet-like structure that contains the cooker.

En professionell kaffekvarn är inbyggd i köksenheten, intill den garderobsliknande strukturen som innehåller spisen.

Der er bygget en professionel kaffekværn ind i køkkenenheden, der står lige ved siden af en skabslignende struktur, hvori der også er et komfur.

The bed is separated from the bathtub by a liquid crystal partition whose appearance can change from transparent to frosted at the touch of a button.

Sängen är avskild från badkaret av en klar kristallavskärmning, vars utseende kan ändras från transparent till frostat genom en knapptryckning.

En krystalskillevæg, hvis udseende kan skifte mellem gennemsigtig og matteret ved et tryk på en knap, adskiller sengen fra badekaret.

☐ Apartment in Rome
Lägenhet i Rom
Lejlighed i Rom

Carlo Berarducci

One of the aims of this radical intervention was to free the new apartment of any dividing walls in contact with the exterior perimeter. The previous, conventional layout – a longitudinal corridor with rooms on either side – was replaced with a single open space divided into zones by way of pivoting doors and fixed partitions. A large, pivoting door reveals the living room while, on one side, two full-height sliding doors conceal a bedroom and studio. In the center, alongside the interior wall, the kitchen is set behind a blue partition that incorporates a wide opening exposed to view from the living room. The materials used include parquet for the floors and marble in the kitchen and bathroom. Contemporary furniture mingles with a few designer pieces, while a classical chaise-longe provides an antique touch.

Ett av syftena med denna radikala uppfinning var att befria den nya lägenheten från alla skiljeväggar som kom i kontakt med utsidan. Den tidigare, konventionella planlösningen – en längsgående korridor med rum på vardera sidan – ersattes av en enda öppen yta som delades in i zoner med hjälp av svängdörrar och fasta mellanväggar. En stor svängdörr leder till vardagsrummet, medan två fullängdsskjutdörrar döljer ett sovrum och en ateljé på ena sidan. I mitten, längs innerväggen, är köket placerat bakom en blå avdelare med en stor öppning som syns från vardagsrummet. Material som används på insidan är till exempel parkett till golven och marmor i kök och badrum. Moderna möbler blandas med några designade exemplar, och en klassisk schäslong ger en antik touche.

Et af målene med denne radikale ombygning var at rive alle skillevægge, der hang samen med det ydre, i den nye lejlighed ned. Den forhenværende konventionelle indretning – en lang korridor med rum på hver side – blev erstattet af ét enkelt, åbent rum inddelt i to zoner af svingdøre og stationære lejlighedsskel. Gennem en stor svingdør kan man se stuen, mens der på den anden side af to høje skydedøre er soveværelse og atelier. I midten, langs den indre væg, er køkkenet placeret bag en blå skillevæg med en række åbninger, så man kan se ind til stuen. Materialevalget omfatter parketgulve samt marmor i køkkenet og badeværelset. Moderne møbler er blandet med få designer møbler, mens en klassisk chaise-lounge giver et antikt præg.

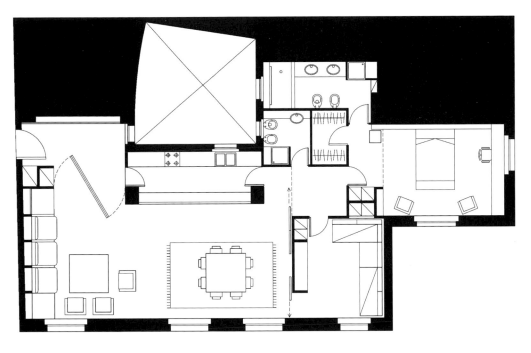

Ground floor Bottenvåningen Stueetage

main characteristics of this project are the architectural features integrated into the space, which endow the pre-existing layout with a new versatility.

som främst kännetecknar detta projekt är inslagen av arkitektur som integreras med utrymmet, vilket ger den redan existerande planlösningen ny mångsidighet.

specielle ved dette projekt er de arkitektoniske præg, der er integreret i rummet, og som giver den tidligere udformning en ny alsidighed.

The panels that mark the passage into the private area can be positioned to completely close off the living area from the bedrooms.

Panelerna, som utgör passagen till den privata delen, kan placeras så att de helt skärmar av sovrummet från det allmänna utrymmet.

Pladerne, der markerer passagen indtil det private område, kan opstilles så de lukker stuen fuldstændig af til soveværelserne.

materials used include parquet for the floors and marble in the kitchen and bathroom.

rial som använts till interiören är till exempel parkett till golven och marmor i kök och badrum.

rialevalget inkluderer parketgulve samt marmor i køkkenet og badeværelset.

☐ Dwelling in Hong Kong
Bostad i Hong Kong
Lejlighed i Hong Kong

Gary Chang/EDGE (HK) Ltd.

The aim of this project was to transform the space into a home that, despite its limited proportions, would also serve as a setting for leisure and entertainment. In order to take advantage of the light entering through the back window, the bathroom, kitchen, and washing areas were grouped at the front, leaving the remaining space free to incorporate a multifunctional environment. Work elements, such as books, videos, records, and personal areas like the dressing room are all concealed behind plain white drapes that can be easily opened or closed. Translucent white materials and changes in the general lighting give the space a weightless, uncluttered feel. To enhance this effect and deepen the space vertically, fluorescent white tubes trail along the floor, and bright lights accentuate the structural features. A clever positioning of elements allows an opening in the bathroom to filter in sunlight through the back window without sacrificing privacy.

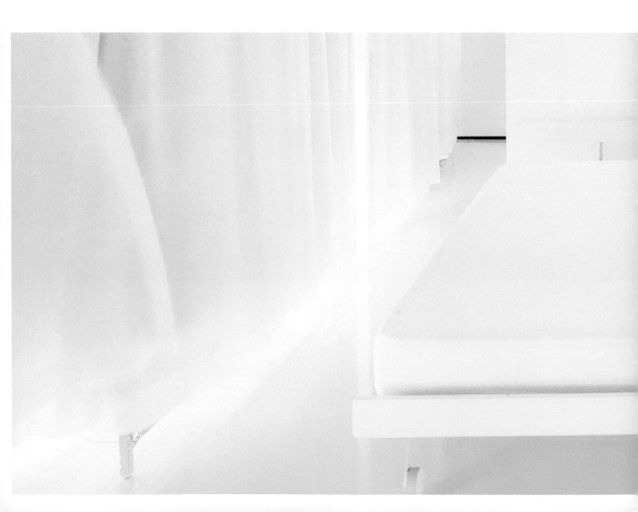

Syftet med det här projektet var att bygga om utrymmet till ett hem som, trots de begränsade proportionerna, också kunde fungera som en plats för avslappning och nöje. För att kunna utnyttja ljuset som kommer in genom det bakre fönstret, samlades badrummet, köket och tvättstugan lägst fram, vilket gav en öppen yta med plats för en flerfunktionell miljö. Alla arbetsinslag som böcker, filmer, skivor, samt personliga rum som omklädningsrum, döljs bakom vanliga vita draperier som lätt kan öppnas eller stängas. Genomskinliga, vita material och förändringar av ljussättningen i allmänhet ger utrymmet en tyngdlös, harmonisk känsla. För att förstärka denna effekt och samtidigt ge utrymmet ett vertikalt djup, sträcker sig vita lysrör längs golvet, och skarpt ljus framhäver konstruktionerna. Eftersom alla delar placerats på ett fiffigt sätt, kan en öppning i badrummet filtrera in solljus genom det bakre fönstret utan att enskildheten offras.

Målet med dette projekt var at omdanne denne lejlighed til et hjem, der på trods af dets begrænsede størrelsesforhold kunne fungere som et sted, hvor man kan slappe af og have gæster. For at gøre bedst mulig brug af dagslyset, der kommer ind ad bagvinduet, blev badeværelset, køkkenet og vaskerummet grupperet forrest i lejligheden, så den resterende plads kunne gøres fri og indrettes til et multifunktionelt område. Arbejdselementer som bøger, videoer og plader samt private områder som omklædningsrum er alle gemt bag kridhvide draperinger, der let kan åbnes og lukkes. Halvgennemsigtige, hvide materialer og ændringer i den generelle lyssætning gør rummet vægtløst og organiseret. For at fremhæve denne effekt og give rummet vertikal dybde, er der installeret hvide lysstofrør i gulvet og stærke spotlys betoner konstruktionsdetaljerne. En smart placering af elementerne giver mulighed for at åbne badeværelset, så der kan skinne dagslys ind i gennem bagvinduet, uden man føler sig udstillet.

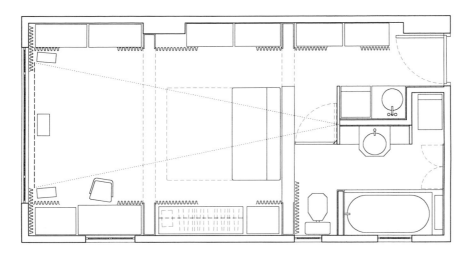

Ground floor Bottenvåningen Stueetage

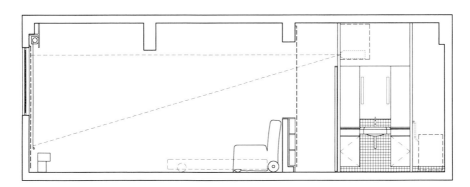

Longitudinal section Längsgående tvärsnitt Længdesnitstegning

ne of the few elements preserved from the original structure is the cherry-wood tower, which is located behind the bed.

t av de få inslag som bevarats från ursprungskonstruktionen är ett torn i körsbärsträ, som står bakom sängen.

af de få elementer fra den oprindelige struktur er tårnet af kirsebærtræ, der står bag sengen.

An extendable screen can be used to watch television, video, or images from the Internet.

En utdragbar skärm kan användas för att se på tv, video eller bilder från Internet.

En billedskærm, der kan trækkes ud, kan bruges til at se tv, video eller billeder fra Internettet.

The clever positioning of the elements has created an opening in the bathroom that filters in natural light from the back window without sacrificing privacy.

Eftersom alla delar placerats på ett fiffigt sätt, har en öppning skapats i badrummet, som filtrerar in solljus genom det bakre fönstret utan att enskildheten offras.

Den smarte placering af elementerne giver mulighed for at åbne badeværelset, så der kan skinne dagslys ind gennem bagvinduet, uden man føler sig udstillet.

Photo Credits Foton tagna av Fotografi

p. 10-17   Matteo Piazza

p. 18-23   Paul Warchol

p. 24-31   Paskin Kyriakides Sands

p. 32-37   Jordi Miralles

p. 38-43   Eugeni Pons

p. 44-47   Chris Tubbs

p. 48-51   Gilles de Chabaneix/ACI Roca-Sastre

p. 52-57   Santiago Garcés

p. 58-63   Mat Jessop

p. 64-67   Alejandro Bahamón

p. 68-73   Eduardo Consuegra

p. 74-81   Hélène Binet

p. 82-89   Okamaoto

p. 90-95   Kirsti Kriegel

p. 96-101   Thomas Bruns

p. 102-109 Eugeni Pons

p. 110-117 Richard Glover/View

p. 118-125 Pietro Chelli

p. 126-133 Ignacio Martínez

p. 134-137 Karin Hessmann/Artur

p. 138-143 Sergio Mah

p. 144-151 Emilio Conti

p. 152-157 Shania Shegedyn

p. 158-165 Joshua McHugh

p. 166-173 Alejandro Bahamón

p. 174-181 Pietro Jovane

p. 182-189 Almond Chu